問題解決力
仕事の鬼ほど失敗ばかりする理由

飯久保廣嗣

nbb
日経ビジネス人文庫

文庫版まえがき

天才的な直感力で、身に降りかかる問題の数々を難なく解決できる人はそういません。しかし論理の使い方を正しく学べば、だれもが「問題解決力」を身につけることができます。本書では、論理的な問題解決力を保持する人を「知恵者」と呼んでいます。しかし最近、この「知恵者」を「智力者」と呼び換えたくなる出来事がありました。

二〇〇七年に上海で講演をしたときのこと。ある中国の学者さんと夕食を共にする機会がありました。通訳を通して、「お国では、『知識』と『知恵』を意識して区別されていますか」と質問をしました。学者氏によると、中国では「知恵」とはいわず、「智力」というのだそうです。その「智力」の定義が「直面する問題にたいして十分な知識がなくても、問題を解決できる能力」というものでした。非常に明快な答えでした。そして、優秀なエリートには「哲学」を学ばせ、論じさせることによって、自分自身で考えるための「智力」

を確立させる教育をしているのだそうです。まさに私が目指すところ、考えていることにぴったりと合致する考えだったのです。

日本人は本来、論理的な資質を持っていると思います。すばらしい技術力で、世界経済の重要な位置についたことがその裏づけです。この日本人の論理力を問題解決力として体系的な思考の枠組に整理し、応用できれば素晴らしいと考えています。

ひとくちに「問題解決」といっても、そのやり方はさまざまです。理屈なしの謝罪ですべてを「水に流す」、一から十まで権力者の裁断に任せる、「直感」や「経験則」に頼る、論理力を十分に用いて最適なソリューションを探る……。

状況によって、どのように問題を解決すべきかは変わります。ただ問題なのは、日本の場合、「なりゆき」や「経験」にまかせた問題解決があまりに多すぎないか、という点です。経験による解決法と、論理的また理性的に分析をして対応する解決法とを区別することが肝要なのではないでしょうか。そして、その区別がきちんとなされていないから、日本人はその素晴らしい論理力の資質を上手に使えていないのでは、と考えています。

本書は、もともと『解決学　15の道具』と題し、二〇〇四年に刊行された本を文庫化したものです。当時に比べても、日本経済、日本企業の復活ぶりはますます顕著になっています。しかし、ここから日本がさらに一歩前に進むためには、論理的にものごとを分析し、次々と降りかかる問題の数々を正しく解決していく能力が広く求められることに違いはありません。本書が少しでもその助けになれば幸いです。

最後になりましたが、単行本の刊行に引き続き大変お世話になりました日本経済新聞出版社の野澤靖宏氏にお礼を申し上げます。

二〇〇七年四月

飯久保廣嗣

目次

第2章　思考の道具——ご使用の前に

第4章 なぜ問題は起こり続けるのか

第5章 解決の科学を体現する実行力

第6章 リスクと正しく向きあう

第7章 思考技術の正しい使い方

序

難題の数々を要領よく片づける技術

人生は「問題」の連続です。

わがサッカー部は対外試合にまったく勝てない、会社の業績がよくない、職場の人間関係がぎくしゃくしている、近所で空き巣が多発する、買ったばかりのマンションが欠陥住宅かもしれない……。

やっかいなのは、ひとつひとつの問題それだけでも十分うっとうしいのに、同時に複数の難題が起こり、平和と安定をのぞむ私たちの生活の大きな障害となることです。

では、難題に直面した場合、これから問題が発生しうる状況に置かれた場合、どのように考え、どのように行動すればよいのか――。本書の目的は、いわゆる問題解決を正確かつ効率的にすすめることによって、だれもが豊かな人生を送れるよう「考えるヒント」を提供する点にあります。人間に与えられた時間には限りがあります。なるべく有効に使いたいと思います。

本書で説明するのは、論理的思考技術にもとづく「問題解決法」です。これは主としてビジネス分野で活用するために分析・開発されました。ただし、ビジネスの現場でも、家庭でも、学校でも、趣味の場でも、政治の舞台であっても、私たちが遭遇《そうぐう》する問題は、掘り下げていけば、発生の原因やその後のプロセスなどさまざまな面で似通った点がありま す。ですから、取り上げる事例はビジネスに限りません。これから解説する「問題解決力」が、みなさんの生活のさまざまなステージで力になってくれることでしょう。

ところで、世間には要領がよい人がいます。悪い意味ではありません。多くの辞書を引いてみると、「要領」とは、ものごとの要点をつかむこと、作業をすすめる手際のことを表す言葉です。要領がよい人とは、本来、問題に直面しても直感的にポイントをつかみ、難なく緩和したり、解決する能力が高い人のことです。目標に向かえば、短時間のうちになにをすべきか理解し、問題の発生を避けるように行動し、効率的に成果を上げていきます。

私自身も含め、多くの人は要領がよくありません。懸命に努力をしてもなかなか結果がついてこなかったり、思うようにことがすすまないものです。そのためか、つい嫉妬《しっと》して「要領がよい」という言葉を「表面だけを取り繕《つくろ》う」など悪い意味に使う場合が多くあります。

　ですから誤解を招かないように、この本では要領のよい人を「知恵者」、要領を「知恵」「知性」と呼ぶことにします。

　知恵者は、いまの日本の学校制度において「勉強ができる人」を直接指すわけではありません。授業で「知恵」のしくみを教える機会が少ないからです。それでも、さまざまな分野に知恵者はいて、経営者として成功したり、料理店を繁盛させたりしています。

　味覚、手先の器用さ、音感などは、本人の努力だけではどうにもならない「才能」と認識されています。それでも、天才とはいえない料理人や職人、音楽家はその道で一人前になろうとすれば、なんとか一定のレベルを超えるように訓練をします。「才能」をカバーするために「技術」を磨くわけです。

　ところが知恵＝論理的思考能力＝問題解決力となると、特定の分野にだけ必要とされる能力ではないのに、「訓練」によって「才能」をカバーするという考えが不足しているように思います。

　たとえば、つぎのように異なったタイプの料理人がいたとします。

①天才的な味覚・器用さの持ち主、問題解決力は低い
②圧倒的な知恵者（高い論理性）、味覚・器用さは不足

この二人が独立して店を構えることになりました。繁盛すると思われるほうに投資しろ、と言われたら、みなさんはどちらに資金を投じますか。

与えられた情報が十分でないのは承知のうえで、繁盛する可能性は②の料理人の店のほうが、より高いといえるのではないでしょうか。

②のほうは、訓練によって料理の腕がある程度のレベルまで達しているでしょう。もしかすると独立した後、腕のよい料理人を雇うかもしれません。

一方、①の料理人は開店前もその後にも、どんなメニューにしようか、値段設定をどうするかなど、さまざまな課題を前に困惑し、誤った対策をとり、経営を危うくする恐れが強いと推測されるのです。そして失敗すれば、「あいつは店を持つには要領が悪いよな」の一言で片づけられてしまいます。

知恵者は論理的思考の天才です。当たり前ですが、だれもが知恵者のように考え、行動することはできません。それをカバーするのが論理的思考の「技術」なのです。

人間一般の、そして知恵者の思考プロセスを分析すると、多くの共通点が見えてきます。後に詳しく解説しますが、たとえば「複数化」「本質化」といった様式です。これを身につけ訓練すれば、なにも訓練していない場合に比べて、飛躍的に効率よく問題解決できます。この訓練は特別なことをするわけではありません。ほんの少しの公式を身につけて自分の頭を使って考え続けるだけです。

技術は永遠ですが、才能は磨耗《まもう》します。天才起業家の悲劇的な末路などの例を挙げるまでもないでしょう。本書を読みすすんでいくと理解できますが、生半可《なまはんか》な知恵者で、自分は要領がよいと思い込んでいる人は、問題を前に大きな失敗を犯しがちとなります。普通の能力を持って努力する人のほうがよほど安心で確実だったりするわけです。まぁ、精進《しょうじん》を続ける天才にはどうやってもかなわないのですが。

本書では、目の前にある事象に論理的な疑問を投げかけ、それを追究していく重要性をまず考え、さらに一歩すすめて、問題解決の具体的な技法や考え方を「道具」として理解しようと思います。それでなくても複雑な時代です。説明をシンプルにするために、道具は一五個にまとめてあります。一度説明書を読めば、だれでも即座に試し、使ってみることができるでしょう。

だいぶ前置きが長くなりました。それでは、問題解決能力が高い「知恵者」の頭の中ではなにが起こっているのか、どうすればある程度は見習えるのか、そのメカニズムをいっしょに研究してまいりましょう。

第1章 論理的思考がなぜ必要か

短絡や思い込みに支配された問題解決が世の中にはびこっている。
自らは論理的思考力や問題解決力があると無根拠に過信した人による、
本質を見きわめないままの場当たり的な「対策」が、
より状況を悪化させているのだ。

1 こうして問題は悪化する

短絡的な解決策は報われない

よほどおかしな理由でもない限り、自ら失敗しよう、問題を発生させようとする人はいません。自分なりに最適行動をし、なるべく効率的に成果を上げようと考えがんばっているわけです。それでも、多くの人が簡単なミスや失敗を犯し続けます。なぜでしょうか。

あえて断言してみれば、労力（コスト）の振り分け方が間違っていたり、思考のプロセスがないからです。成果が上がらない問題解決策の多くは、立案されたときから失敗が宿命づけられています。

問題はどこに?

あるショッピング・モールでのお話です。

スポーツブランド「A」が出店していました。モール自体の集客も多く、Aの売り上げ、利益率ともに非常に高かったのです。ところが、数年後――。Aのショップの調子はいつのまにか、かなり落ちこんでいました。モールの集客は、往時ほどではないにしても、高いレベルは維持しています。施設内の他のショップは入れ替わりはかなりありましたが、ほとんどが好調です。創業社長は、このショップを重要フラッグシップ店と考えています。そこで統轄する本社の部長は、この「問題」を解決すべく、腕利きの店長Bさんを送り込みました。Bさんは人心掌握《しょうあく》にすぐれ、計数把握能力、戦略性にもすぐれるなど、この会社ではトップクラスの能力を持っていると高評価を得ていました。

そして一年後――。

「Bくん、どうだい。一年やってみて」

「なかなか売れ行きが好転しないので、困ってるんですよ。ただ、調べてみるとここにくるお客さん、当初よりだいぶ……」

「君ならうまくやってくれると思ったんだけどな」

「いろいろ対策を考えてがんばってはいるんですけど、効果がないんですよ。調べてみると、開店当初よりここに来るお客さんの年齢層がかなり上がってるようなんですよね」

「苦しいのは最初からわかってるんだよ。若い者向けのうちみたいな商品だと。そこをなんとか知恵を働かせるっていうのも店長の仕事だよな」

「ええ。ただ、この場所ではけっこう厳しいと思いますよ……」

「そんなこと言うと、やる気がないと思われるよ。だいたい、ここは社長の出身地なんだ。おいそれと手を引くわけにはいかんだろう。なんとかしてもらわないと困るんだよ」

「たとえば、少し対象年齢を上げた商品を開発するように提案してみてはどうでしょう。これからの時代は若者向けだけでは市場が縮小していくかもしれませんし。現場からのアイデアはいつだって上げられますよ、商品企画に」

「売れないから、新製品か。そんなこと提案したら社内の笑いものだぞ。まあ、行き詰まったときにも、いろいろ手はあるからな」

「はい？」

「いや、なんでもない。大丈夫、俺には俺の考えがあるから。けっしてBくんに悪いようにはしないから。信頼してくれよ」

　どうもBさんの首筋はだいぶ涼しくなってきたようです。いずれにしろ、この会社の問題解決には大きな間違いが潜んでいるように見えます。

可能性ゼロではありませんが、Bさんがしっかり問題に取り組まなかった、という答えは考えないことにします。腕利きの人がやりがいのある新しい環境に着任して、突然やる気を失うことは、特別な事情がある場合を除いて考えづらいものです。

それならば、他の店が入れ替わったことによってモールを訪れる顧客層に変化があった、地域の取引慣行に特別な障害があった、商品ラインが時代に合わなくなっていた、などBさんひとりの力ではどうにも解決できない事情があったかもしれない、と考えるのもある意味合理的です。Bさんの言い分に耳を傾けるべきところはあるわけです。

では、ショップの不調という問題（現状）に直面して、本社の部長はどうするのでしょうか。

まずこの部長であれば、Bさんを配置換えし、新しい店長を着任させる、という策をとりそうです。

いくらなんでも、そんなに単純な策を打たないだろう、と思う方もいるかもしれません。

それが、そうでもないんです。

日本に限らず、人が集まるところ、論理的思考のあまり得意でない、声が大きいだけという人がリーダーとなり、権勢を揮《ふる》うことが多くあります。もちろん、とる解決策は非論理的です。

本社の部長が「知恵者」だったら、Bさんを店長に据える前に、ショップの現状を正確に把握し、不調の原因を探ろうとしたはずです。それができないのだから、懲《こ》りずに同じ轍《てつ》を踏みます。問題解決思考や論理思考などが関心を呼び、さまざまな合理的経営手法が研究される時代になっても、日本の多くの組織で「失敗したら、人を変える」など、短絡思考にもとづく策がとられています。みなさんにも覚えがあることでしょう。

気の毒なのはBさんと、Bさんの前任の店長です。思うように成果が達成できない理由をきちんと説明しても「言い訳」ととられます。また、実際にだれもがうすうす感づいている真因があっても、それを解決しようとすれば組織に軋轢《あつれき》が起こる、という場合は意図的に先送りをして、立場が下の人やその後を襲う人に責任を負わせリーダー自身は逃げるという現象もよく目にします。

結果として、店長交代という解決策が最適な可能性もあるでしょう。そうだとしても思考プロセスのない解決策は失敗です。なぜなら、有望だったBさんのキャリアには理由もわからないまま傷をつけ、ブランドの商品政策を考え直す絶好の機会を逸するなど、悪い影響が残るからです。

こうして多くの組織において、方向を間違えた解決策がとられたために、優秀な人材が誤った理由でスポイルされたり、原因もわからないまま成果が上がらない、といった新たな「問題」を招いています。

正しい解決策を導き出す

では、正しい解決策を導き出す思考プロセスとはいったいなんでしょうか。それは、ある状態を前にし、しっかり現状を把握する、その原因を捉える、複数の対策を立案する、実施するなど正しい段階にしたがって考え、アクションを起こすことです。

先の事例では、まずつぎのような問いを考え、調べてみるべきだったのではないでしょうか。

①ショップが好調のときと、不調になってからとでは、なにが異なっているのか？
②同じ施設内の好調なショップとはどういう相違点があるのだろうか？
③同じブランドの他のショップと比べて、共通点、共通しない点はなにか？

このような疑問からスタートすれば、ショップが抱えている問題が明快に把握できます。思考プロセスのない意思決定・問題解決というのは、困った状況があると即座に解答を用意してしまう、つまり「短絡思考」「暗算思考」から導き出されたアイデアにもとづいて行動してしまうものです。これを避けるためには、できる限り思考をオープンにするために、論理的な問題解決の技術を身につける必要があるわけです。

問題解決の技術というと、自分には関係ないと思う人もいますが、間違いです。レベル・内容問わず、だれにたいしても「問題」は平等に訪れます。たとえば、仕事。「グループの同僚の仕事にたいする責任感が希薄、自分ばかりが忙しい」「顧客からの代金回収が難航している」「新しくつくった伝票を社員が使ってくれない」……。どれも立派な「問題」です。際限がありません。

さらに情報化やグローバル化が進行すればするほど、仕事も人生も複雑になっていきます。私たちを取り巻く環境の変化も、以前に比べてだいぶ速くなってきていると感じます。すると、これまで体験したこともない問題が続発します。これをテキパキと解決できないようでは、人生を楽しむ余裕がなくなります。だから、だれもが問題解決の思考技術を身につけたいのです。

さて、そうすると、もうひとつ大きな疑問が生じてきました。

「ところで、『問題』とはなにか？」

簡単に答えられそうで難しい、かなり抽象的な問いです。面倒くさいから、あいまいなままにしておこう――というわけにはいきません。じつは、この問いに正面からぶつかると、問題解決の思考法の本質が理解しやすくなるのです。

2 問題解決とはなにか

とある学校の終業式で

中学校の二学期の終業式。二年二組の教室では冬休みを前にして通信簿が配られています。

「はいA木。今学期はよくがんばったな。宿題もちゃんとやってきたし、授業にも真面目に取り組んだな。他の先生たちもみんなほめてたぞ」

「ありがとうございます」

「この調子で三学期も頼むぞ」

「はい」

「つぎB山。今回は、ちょっと調子が悪かったようだけれど、気落ちせず、冬休みがんばるんだぞ」

「……」

「この成績では、H高校は厳しくなるぞ。お前には期待しているんだからな」

「……」

どうもB山くんの様子がおかしいようです。思春期は人生でも最もナーバスな時期。なにか難しい問題でも抱えているのでしょうか——。気にはなりますが、この本は教育問題を主たるテーマにしているわけではありませんから、その点は深く追究しないことにします。A木くんとB山くんの成績そのものに着目してみたいと思います。

まずA木くんとB山くんとは、どちらが成績がよいのでしょうか。

現実は、みなさんのご想像のとおり。B山くんのほうがよいのです。ただし、これまでの経緯が違っていました。A木くんは、一学期の成績が非常に悪かった。B山くんは学校を代表する優秀な生徒で、これまでの成績もダントツだったのです。ところが傾向として、二学期にはA木くんの学業レベルはグンと上がり、B山くんは伸び悩みました。それでも、B山くんのほうが大きく上回っています。

この寓話は、「問題」とはなにか、と聞かれて答える際に大きなヒントとなります。これ以外にも、いろいろと例を挙げることができますから、よく見てください。なかには、どこがどう共通するのかわからないものもあるでしょう。しかし、少し考えればポイントが見えてくるはずです。

- 息子が言うことを聞いてくれない
- 隣国との関係が安全保障の面で緊張状態にある
- 売上目標は三億円だが、達成できそうにない
- Aという商品についてクレームが多発する
- 私の講義中、居眠りする学生が多い
- ライバルの値下げに追随して、利益率が下がった

一方、つぎに挙げるような事例は、前に挙げた事例とは少し違いがあるようです。

- 今日、駅の階段で転んだ
- 会社支給の携帯電話を洗面台に落としたら壊れた
- レストランで食事をしていたら、異物が入っていた
- 得意先が自動車事故を起こし、アポをキャンセルしてきた
- 新商品説明会見中、会場のホテルで停電が起こった

二つのグループ、一見して、なにか違いがありそうだ、とわかります。

問題とはなにか

先の中学校の終業式の例を思い出してください。この場合、A木くんより成績が上のB山くんが「問題」を抱えていることになります。一方、A木くんはむしろ順境にあります。同様に、「息子が言うことを聞かない」「隣国と緊張状態にある」というのも「問題」です。一方、「駅の階段で転んだ」「得意先が自動車事故を起こした」などは、「問題」ではなくトラブルと解釈します。

以前、私は「問題＝広い意味で対応すべき状況の全体」「トラブル＝原因を究明すべき『問題』」と定義しました。これはこれで正確な表現だと思いますが、ややわかりづらいようです。そこで、本書では特に問題をつぎのように定義したいと思います。

問題＝あるべき（期待する）状態からの逸脱

ずいぶんシンプルになったと思います。この定義にしたがえば、（成績を維持したい、よくしたいが）下がっている、（隣国同士友好関係を結びたいが）緊張状態にある、（息子に言うことを聞いてほしいが）聞いてくれない――と現実と理想のギャップを認識できます。その点、期待以上の成績を収めたA木くんは「問題」を抱えていないのです。人間は向上心が重要ですから、ある一定の期待をクリアしたらさらに上を目指す、というのも悪くはありませんが。

一方、トラブルが表すのも、「あるべき状態からの逸脱」であることに変わりはありません。ただし、この場合は状態というより、むしろ突発的なもの、一時的なものとここでは便宜《べんぎ》的に理解しておきます。もちろんトラブルも予防策を講じたり、事後対策を考えたり、またなぜ起こったのかその理由を追究することは重要です。ただ、複雑な「問題」のように高度な論理的思考を駆使する対象ではなさそうです。

さて、問題の真の意味を知れば、つぎに問題解決が、あるべき状態と現状とのギャップを埋めていく作業だと直感的にわかります。ただし、ここで止まっていてはいけません。いま私たちが認識した現実（問題）は非常にあいまいで抽象的です。これまでの問題解決で不十分なところがあったとすると、問題の把握がしっかりできていないまま、解決にはしってしまったことです。

そうすると、いろいろ困ったことが起こります。むしろ問題解決なんてやめてくれ、とでもいうような状況に陥ります。ちょっと覗《のぞ》いてみましょう。

国道A号線、事故多発のナゾ

「国道A号線のS川峠の入り口のカーブで自動車事故が多発している。まだ、三月だというのに、今年に入って二二件もの事故だ。これは異常だぞ」

「あそこは、A号線でもいちばんカーブがきついですからね」

「そうか、なぜなんだろう?」

「事故が集中するのは土日です。近くにレジャー施設があって、その帰りがけに事故を起こす車が多いんですよ。家族連れが多くて運転に集中できないのと、早く家に到着したくてスピードを出しすぎてるのでしょう」

「原因がわかっているのなら、話は早い」

「はい、もちろん対策はいろいろと考えてあります」

「おお、頼もしいじゃないか。で、なんだ?」

「まず、注意喚起の看板をレジャー施設の駐車場とカーブの入り口に掲示しようと思います。つづいて現在はカーブにひとつしかないミラーをさらにもうひとつ増設しようと……」

「ほう、効果はありそうかね」

「ええ、事故が多いことを知らないから、油断してスピードを出したまま突っ込んでいく車が多いんですよ。『事故多発、減速を』というメッセージでどうでしょう」
「そうだよ。スピードを落としてくれれば問題はないんだ。その対策だと、ある程度予算が必要になるけれども」
「その点にかんする書類は準備中です」

予算の心配をしている場合ではありません。町の交通安全対策委員を務める彼らにまったく悪意はないのですが、その解決策は事故減少にはほとんど役立ちませんでした。むしろ悪化したという話もあります。ここでは、説明の順序の関係で事故多発の原因を詳説できませんが（事例は、事実を脚色したフィクション。一四五ページ参照）、問題の本質を追究するプロセスを省略したばかりに誤った解決策をとり、さらに問題を悪化させたのです。

悪意がなくても問題を複雑化、悪化させる。では、なぜ人は問題の本質をはずしてしまうのでしょうか。

あるべき状態と現状の断絶を埋める

人間はせっかちですから、期待に沿わない現状があると即座にそのギャップを埋めたくなります。すると、「あるべき状況を実現せよ」というメッセージそのものを解決策として指示・提示します。私がなにを書いているのか、よくわからないと思います。そうです。世の中には、よくわからない解決策が多いのです。たとえば、こんな感じです。

よくわからない解決指示

- クラスの仲が悪い→みんな仲よくしなさい
- 売上高が伸び悩んでいる→もっと売りなさい
- 社員の残業が多い→残業を減らしなさい
- 失点が多く負けがこむ→勝ちなさい
- 企画が足りない→企画を出しなさい
- 学校の成績が上がらない→勉強しなさい

問題が表出した当初に、相手に信頼を示し自主的な解決を促す場合は、これも「あり」かもしれません。しかし先にも述べたように、指示を受けた当人だけでは解決できない問題は現実に数多く存在するのです。何度も繰り返しこのレベルの解決策を示された場合、人間がとる行動は限られます。いままでどおりやる（なにもしない）、各自が好きなように変える。そして全体としてはなにも改善されません。

なにも改善されない状況が続き、それでは困る、となるとギャップを埋めるため、具体的な対策が必要となります。しかし、そこでも思い込みや短絡的な思考が支配して、さらに問題を複雑にするケースが見られます。先の交通事故対策もそうですが、他にもいろいろありそうです。

残業が異常に多く、問題となっている企業のオフィス。しばしば「水曜日はノー残業デーです。五時半に照明を消します。速やかに帰宅してください」という社内放送がかかって、本当に照明を消して回られたりするので驚きます。仕方がないから、社員は仕事を家に持ち帰りサービス残業します。

本当の残業より性質《たち》が悪いです。どうして社員が就業時間を超えて会社に残り仕事をしなければならないのか（しようとするのか）、きちんとプロセスを踏んで探れば、すぐにわかりそうなものです。やるべきことは、もっとあるでしょう。

同じような例を並べれば、みなさんにも見覚えのある事例がひとつはあると思います。

短絡的な解決策

- クラスの仲が悪い→レクリエーションの時間を増やす
- 売上高が伸び悩んでいる→個人の目標管理を厳しくする
- 社員の残業が多い→ノー残業デーを設ける

- 失点が多く負けがこむ→厳しい合宿練習をする
- 企画が足りない→企画アイデアを出す会議を設ける
- 学校の成績が上がらない→学習塾に通わせる

いずれも問題を前に、そう頭を使わずして立案できる対策です。断言してもよいのですが、実際、こうした解決策をとったところで実効はほとんどないでしょう。

ところが、対策自体が無意味だという方向に議論はすすみません。多くのケースでは解決策がうまく実行、運用されていないから事態が改善しないと誤解（曲解）され、システムをさらに厳格にしたり、ピントのずれた解決策をうまく機能させようと手続きを増やしたり、まったく新たな解決策を立案するのです。

当然、ムダな仕事やプロセスが付加されるようになります。期待する状態はますます遠のくという構図です。

千里の道も一歩からとはよくいったもので、一足飛びに問題を解決しようとするから間違うのです。複雑に絡みあった糸を元通りにするには、手間はかかるかもしれませんが、少しずつほぐしていかなければなりません。

たとえば売上高が伸び悩んでいるのであれば、どの部門が不調なのか、どういう商品なのか、いつから売れなくなったのかを考えます。ある商品が売れなくなっているとすると、商品自体の問題なのか、それとも販売体制の問題なのか、など全体の問題を分解して現実的な分析をしなければなりません。すると、どこかに糸を複雑に絡ませる「問題の本質」が見つかるはずです。

後に詳説しますが、大きな問題を分解していくことが本質を見つける近道です。それをひとつひとつ解決していくことが期待する状態と現状のギャップを埋めていくことにつながります。

上が理解しないと、論理思考は役に立たない？

現実の問題に直面して、「なんの対策も示さない」「ピントはずれの対策を直感で立案する」という間違いをなぜ犯すのでしょうか。もし知恵者がいれば、そこまで効率の悪い問題解決は行われないのでは、という疑念が浮かびます。非効率な組織には知恵者がひとりも存在しないのでしょうか。

私は、誤った問題解決がなされる裏には、いくつかの共通して認められるポイントがあると思います。

まずは、頭を使っていない（自分の頭で考えようとしない）ケース。短絡的にものごとを理解しようとするケース。知恵者の不在です。これは論理思考の訓練を受けることによって、だいぶ緩和できるでしょう。

一方、（学校の成績が上がらない、といった）個人の問題は別として、じつは組織のメンバーの一部（もしくは全員）が問題の本質の所在をうすうす感づいているにもかかわらず、そこに触れると傷つく人、怒る人がいるケース。

それが、地位の高い人、年齢が上の人、（いろいろな意味で）乱暴な人だと、本質的な議論に入りづらくなります。本質に立ち入ることは、「言い出しっぺの人」にとってあまりに危険です。

「これで、わが校はリーグ戦で五連敗だ。お前らの気が緩んでいるとしか思えない。明日から一週間、つぎの試合まで六時から早朝練習を行う」

「監督、それでは試合までに疲労がたまってしまいます。むしろ、今季から導入したフォーメーションがうまくフィットしていないように……」

「うるさいっ！　フォーメーションを決めるのは、監督であるこの俺だ。チームの和を乱すお前のような存在がいるから勝てないんだ」

全体の利益向上に貢献する議論を開始するのはたいへん立派な行為です。しかし、人間は感情に支配されているがゆえに、直球勝負が奏功するとは限りません。

いかに理知的ですぐれた意見を提言しても、「生意気だ」「虫が好かない」と思われれば、なんらかの不利益を被るだろうとだれもが理解しています。組織で問題のありかを鋭く指摘する人が、すでに組織内の処遇に希望を失っている人だったり（協調性やコミュニケーション能力が欠けるため、そうした立場に甘んじているケースもあるでしょうが……）、組織内に激しい対立があって一方の代弁者としてある程度の立場が保証されている場合がよく見られるのは、このためです。

悲しむべきでしょうが、ほとんどの人にとって、いかに合理的であっても直言・本音の議論は、できれば避けたい行為なのです。

こうして、現状に理不尽が埋め込まれていても、それを討議するテーマから排除して議論・対策をすすめることが多くなるわけです。

たとえば、先のスポーツブランドのショップを例にしても、かなり理不尽な要素が現状に含まれていました。「社長の出身地だから」というのが、それです。本質的議論がタブーとなっていないのであれば、ショップ撤退という対策も選択肢のひとつに含まれるのでしょうが、現実として部長はそんな提言はしづらいでしょう。そうした理由もあって、まったく解決策とならないメッセージを提示してお茶を濁そうとします。

さらに社長から「なんとかしろ」と指示された場合、部長としてもなんらかのアクションを起こさなければなりません。そこで、なるべく自分にとっても社長にとっても「無難な線」の対策を無意識に、無責任に、そして安易に立案します。すると、問題は複雑になり、また別の問題が発生する原因となります。期待と現状のギャップがますます広がっていくのは見てきたとおりです。

こう言うと、「それでは、上の人が論理的でなく本質的な議論に危険があるのなら、問題解決技術の訓練をしても、あまり役に立たないではないか」と思われてしまうかもしれません。

たしかに、どんなに論理的に説明してもまったく理解できない人、自分の思い込みを正そうとしない人、他人の意見に耳を傾けられない人はどこにでもいます。もし、こうした人がこの先もずっと強大な影響力を行使し続けると予想される組織であれば、かなりの高率で破綻しますから、失礼して早めに難を逃れる手もあるかもしれません。

一方で、断言はできないのですが、組織の責任を担う立場にいるような人は、ある程度は勘がよいかもしれません。そこにすべての人が論理的思考技術の訓練をする意義があるというものです。

たとえば、スポーツブランドの例であれば、きちんとしたプロセスによって問題を分析した結果、撤退が最適な解決策であったとしても、直接的に「撤退すべし」という対策を社長に上げるのではなく、社長自身が「撤退」という決断ができるように「プロセスの情報」を上げてみます。人間は、自らが気付いた、意思決定したと思えば、面子《めんつ》を保つことができるうえ、やる気と責任感を強く持ちます。知恵者はこのあたり、人の動かし方が非常にうまいのです。

私は、なにもかも直接的に論理で押し通すのは無理だと考えています。しかし、それはたんなる諦念《ていねん》ではありません。意思決定の責任者の立場やプライドを傷つけずに、いかに最適な判断をしてもらうよう手助けするか――その過程では多少の回り道をして非効率だと感じることもあるでしょうが、これにだって十分に論理思考は役立っているのです。

3 問題を起こす人、解決する人

——その傾向と対策

昼間のパパは問題社員——人間観察の短絡思考

世間では、「勝ち組、負け組」「金持ち、貧乏」「仕事のできる人、できない人」など、対象を二項対比して切り取り解釈することが多いようです。

私も以前に「論理的な質問力のある人、ない人」と同様の手法を使っているので偉そうなことは言えないのですが、このときは「まだまだ自分には質問力が備わっていないな」など自省的に用いれば、理解が早く効果も高まる場合があるので、あえて使った次第です。

ところが、二元的な理解を人間の色分け、格付けに使うとさまざまな危険が生じます。

ビジネス誌の匿名《とくめい》対談企画で人事担当者が「社員も、入社三、四年もすれば、優秀な人間とまったく見込みのない人間がはっきりわかる」「三〇代、四〇代になって見込みのない社員には早く辞めてもらいたいよ」など、かなり思慮が浅い発言をしていることがあります。このように、単純に人を切って捨てる発想のある人事担当者自身が、ひょっとして見込みのない人ではないかとすら思ってしまいます。

私は企業の教育研修を多く行ってきて、さまざまな方と接する機会に恵まれました。たしかに論理的な思考力という面では、人によって大きな優劣があります。ただし、人間は一面の才能、その優劣だけで価値が測れるほど軽い存在ではありません。コミュニケーション能力や技術力など、力を発揮できるチャンスには限りがないからです。

たとえば人事担当者として、仕事ができる人、できない人という考察があったとすれば、即座に「できない人には辞めてもらいたい」という発想につなげる、またはその考察結果で止まってしまうのは短絡思考で、本質に迫っていません。

もちろん厳しい時代ですから、やる気のない人も甘やかすべきだと主張するつもりはありません。

年齢にかかわらず、仕事を軽く見ている人がいます。長期雇用が保証される会社に広く分布しています。自分の職務に興味やプライドを感じない、もしくは感じられなくなりました。責任感は皆無です。気に入らないことがあると他人に押し付けるので、一緒に仕事をする人たちは不快に感じ、迷惑を被ります。

人生の大部分を占める仕事に熱意を持てないのは本人も不幸なので、早く転身を考えればよいのでしょうが、生活を支えるためだけに会社に来て中途半端に働き、他人に迷惑をかけます。まっとうに働く人のやることにニヒリスティックな態度で接し、組織全体のモラールを低下させることもあります。家庭にとってはよきパパも、会社に来れば問題社員というケース。この場合なら、ある程度の危機意識を与える対策が必要かもしれません。

ただし、たんなる怠け者は救いようがないとしても、もともとはやる気があったり、「できる人」だったのに、なんらかの理由で仕事にたいする熱意を失って「できない人」になる例が多発する問題組織があります。それならば、どうしてやる気を失ってしまったのか、なぜ力が発揮できないのか、多くの従業員が不満を抱くような処遇の偏りはないか、自分たちの設計した人事制度に歪みは生じていないか、人材配置、人員計画に失敗はないか、と本質に迫って分析する必要があるでしょう。

単純に「できる人、できない人→できない人はいらない」で思考停止しては、いつまでたっても「できない社員」が発生し続け、組織の生産性を下げるのです。

そして、本題の「問題を起こす人、解決する人」の解釈。たしかに非合理でめちゃくちゃな行動を起こす人、論理的な思考が得意で解決力の高い人という傾向はあるにはあるでしょう。ただし、「仕事ができる人、できない人」がそうであるように、これだって単純な二元論で片づけられるはずもありません。そのうえ、「自分は問題解決力がある」「あの人は論理的だ」と決めつけてしまうと、とんでもない失敗につながるのです。

なぜ「仕事の鬼」はしばしば失敗するのか

仕事の鬼と呼ばれる人がいます。

仕事にたいする熱意はだれにも負けないくらいに強く、いつも真剣に取り組む人です。他人がいい加減に働いていると思い込むと、黙って見過ごすことはありません。だれかが間違ったやり方をしていると思えば、頼まれていなくても積極的に（厳しく）意見を出してもくれます。

ところがこの仕事の鬼、相当な知恵者でなければ、しばしば考えもつかないような失敗を犯します。なぜでしょうか。

世の中には、完全な人などひとりもいません。「弘法も筆の誤り」という言葉があるように、だれだって失敗から逃れることなどできないのです。これまでも述べてきたように、本書で説明する問題解決力の真髄が「複数化」「本質化」にあるとすれば、仕事の鬼は非常に大きなリスクを負っている場合が多いようです。

仕事の鬼の傾向として、他人に厳しく意見を述べる裏返しとして、えてして人から意見されると頭ごなしに否定したり、攻撃的に反論します。その理由はタイプによってさまざまでですが、自分の仕事ぶりや論理性に絶対の自信を持っていたり、過剰にプライドが高くて（負けずぎらいで）人の言うことを聞くのが耐えられずムキになって自説を押し通す、また自分の弱さを実は意識していて必要以上に自分を大きく（厳格に）見せようとする、などが挙げられます。

いずれにしろ周囲は、好き嫌いを別にして、その人にたいして意見しなくなります。アイデアや意見を求められれば、腹とは違うことを伝えるようになります。だれだって人間関係の不快な摩擦は避けたいものです。結果、自分だけのアイデアでしか考えられなくなった「仕事の鬼」は、複数思考の分析が難しくなり、ついつい「ひとりよがり」の思考にはまって本質を見きわめられなくなり、間違った意思決定をする危険が高まるのです。

論理的な人は謙虚である

本当の知恵者であれば、多様な視点から出された複数の意見を吟味し、最適解を見つけ出すことが合理的だとわかっています。ですから、いろいろな人に気さくにアイデアを求め、当初自分が抱いていた意見と違っていても、それがベターだと思えばなんのためらいもなく採用できるのです。自分が絶対ではない、と知っているのです。

他人が自分にたいして否定的な意見をしても、それがピントはずれで無礼、相手を侮辱した物言いでない限り感情的になることなく、ある程度は冷静に受け入れようとします。さらに自分自身で一度答えを見つけたとしても、「他に、よい答えはないのか」と、思考をさらに深めて複数の選択肢を探し、正しく分析するのです。こうしたプロセスが知恵者の頭の中では繰り返されています。論理的な人は謙虚です。

さらに、仕事の鬼で、かつ中途半端な知恵者は、すぐに「答え」を見つけ出し、なんの疑いもなく即座にアクションにつなげるのも特徴です。

それが正しいかどうかは別として、意思決定は非常に速いのです。「現代はスピードが勝負だ」というのが信条で、人がきちんとプロセスに沿って考え行動しているのを見るとイライラします。自分が出した「答え」にはいささかの疑問も感じていませんから、考える前に行動している、といっても過言ではありません。これを見て、ときに論理的でない人が、「彼の仕事はスピーディーだ」「問題解決能力が高い」「頭がいい」と評価をする向きもありますが、概して間違いでしょう。

プロセスを無視して結論を出すのは、たんなる短絡思考、暗算思考です。ごくまれに非常に速いスピードでものごとを観察、分析できる人がいますが、それは天才のなせる業であってそうそうはいません。彼らの問題処理能力はたんなる短絡思考とは違います。

短絡思考にもとづく行動は失敗への近道です。その結果、仕事の鬼はしばしば困窮します。無駄な手間に煩《わずら》わされ、期待すべき成果にたどりつく時間は、正しいプロセスにしたがって思考、行動する場合よりも多くなるわけです。

これを自省できればその後の事態はよくなっていくのでしょうが、本人は仕事そのものの難易度が高い、自分は多忙すぎて手が回らなくなっているから難航していると思いがちで、それでもしっかり仕事をしている自分は立派である、自分こそが問題を解決する人である、という過信がますます強まります。だから状況は改善されません。

リーダーが問題の原因となる

仕事の鬼は「声が大きい」ことが多く、周囲の論理的で良識的な人々を暴力的に威圧してしまいます。彼の上にいる人も下にいる人も、意見が衝突すれば強いストレスを感じると知っています。しばしば「その考え方、やり方は誤りではないか」と思っても口に出すことができず、彼の意見が通り、影響力が高まっていくのです。

ときに、彼らは力で組織を圧倒し要職に就くことすらあります。さまざまな組織で困った問題が起こるのを見てみると、かなりの割合で本来は問題を解決するのが仕事であるリーダー自身が問題の本質的原因となっています。世間では、上司が厳しく部下にあたらないと会社が動かないという意見もありますが、その上司自身が非論理的でシステム思考が苦手であった場合のリスクは計りしれません。

意思決定者の非合理な政策、指導、態度で、どれだけ多くの人間が悲惨な目にあうか、ビジネス界はもとより、家庭、学校、政治、歴史、世界情勢などで夥《おびただ》しい例を私たちは目にしています。

強い口調、相手を威圧する態度を示す人よりも、開かれた議論を促し真に創造的で論理的な人に周囲の尊敬は集まるものです。

問題を起こす人と認識することはないでしょう。そこに問題の芽があります。また、自分は問題を起こす人、解決する人という見方を提示した場合、ほとんどの人は自分が問題を解決する力があると思っている人ほど危険が大きい。その意味でこの節の見出しは逆説的です。

本書が考えていく問題解決の思考には、こうした日本国中で見られる非合理を解決する一助にしてもらいたい、という意図もあります。

だれもが「自分自身の言動が問題を起こしているのではないか、問題解決を阻害しているのではないか」と自問できれば、だいぶ住みよい世の中になると思います。しかし、なかなかそうはいかないのが難しいところです。特にリーダーという立場にある人には肝に銘じてもらいたいと思います。

問題を発生させる四つの指示

組織のリーダーを務めるというのは非常に大きな責任を負うことになります。その人物の意思決定や問題解決が、場合によっては他人の人生をも左右することになるからです。


「Aくん、新製品○○の説明資料を来週頭に専務に渡す件、進展はどう?」

「今週頭ころから、製品△△にたいする不具合の報告が大量に寄せられていて、その対応に手間取ってるんですよ。なかなか取りかかれないです」

「それは困るよ。専務には、来週には報告するって約束しちゃったんだから。クレームが多いのは知ってるけど、そっちはBくんに任せて、レポートのほうをきちんとやってよ。俺の顔がつぶれちゃうよ」

「Bくんは製品□□のほうにかかりきりで。クレームにかんしては営業からも、なんとかしてくれって強く頼まれてますし」

「それじゃ聞くけど、クレームの原因はなに?」

「まだはっきりしないんですけど……」

「そういえば、製品△△は部品Cが製造中止になったというんで、部品Dで代用するようになったんじゃない? それだよ、原因。すぐに換えればいいじゃない、他のメーカーの部品に」

「うーん、それだけが原因とは……」

「じゃ、F社の製品▲▲はどうしてるの？　あれも部品Cを使ってたでしょ」

「部品Eにしてありますね」

「もう、決まりじゃない、それ。部品Dを部品Eにしなよ。そっちはすぐに片づけて、専務に渡す資料を頼むよ。いまさら遅らせてくれなんて言えないよ」

「でも、部品換えるプロセスだけでけっこうキツイですよ。サポート関係の仕事と開発関係の仕事をひとつの部署でやるのが無理なんですよ、基本的に」

「それも、そうだよな。顧客対応が重視されてる時代なのにな。サポート関連については専門の新しい部署をつくってきちんと対応したほうがいいと思うよ。新しい組織案の構想レポートを今週いっぱいでまとめてくれよ。新製品の説明ついでに専務に頼んでみるから」

「それ後回しでいいですか？」


だいぶ極端に脚色してはありますが、この一連の上司の発言の中には、多くの組織で問題となりやすいリーダーの指示を要素として盛り込んでいます。それはつぎの四つのポイントになります。

①優先順位の間違い

②対策への短絡
③他人の頭で考える
④場当たりの議論

いずれも、多くのリーダーが発して、下にいる人間を苦しめます。後に説明する問題解決の技術では、これら四つのポイントそれぞれについても、取り上げる予定です。ただし、問題を発生させる原因のひとつが「問題解決」そのものにあると認識し、その傾向を知っておくことは非常に重要です。

手をつける前に混乱する

まず、①優先順位の間違い。人間が一度に対応できることには限りがあります。専務に渡す社内資料と顧客クレームへの対応。一概には断言できませんが、いずれが本来的に大切かはある程度考えればわかりそうなものです。複数ある案件のうち、どういう順序で手をつけるかについての間違いが多すぎます。

さらに付随して言えば、多くの組織において、メンバー間で案件を割り振るバランスがおかしくなっている状況があります。

世の中には「どうして私ばかりやることが多いんだ」という不満を抱く人が大量に存在していることでしょう。ときに本人の思い込みもあるでしょうが、たいていはリーダーの課題の配分が間違っているのです。この背景にもリーダー自身が案件や問題のひとつひとつを「どれが重要か」「どれが緊急か」「時間がたつとどれが深刻になるのか」と深く考えることなしに、なんでもかんでも頼みやすい人、優秀な人にばかり集中させて依頼してしまうからです。

すると、依頼されたメンバーは「なにをやればいいのか」「どこから手をつければいいのか」についての判断やマネジメントだけでかなりの時間を割かれてしまいます。そして、依頼された案件が多すぎると、ときにメンバー自身が勝手に案件を取捨選択し放置する事態も起こります。これも混乱や問題を発生させるひとつの原因となります。

わかりやすい対策はなぜダメか

そして②対策への短絡。上司は、部品交換が不具合発生の原因と決めつけ、さらに新たな部品に交換することを指示しています。問題が発生すると、「なにかしなければ」とピントはずれの対策を打ち出します。この場合、「部品を交換した」という直近の変化が記憶として残っているため、ひとたび不具合が発生すると、因果関係については詳しく調べることもなく、直接的に「部品交換が不具合の原因だ」という決めつけにつながるのです。そして交換を指示してしまう。

たとえば、つぎのようなケースも考えられるでしょう。プロスポーツのチームがあります。主力選手のひとりが出場停止処分となりました。そこで日頃チャンスを与えてこなかった選手Aを先発させます。すると、試合では大敗を喫してしまいました。監督はそれからしばらく選手Aを起用することはありませんでした。

強烈な変化や動きがあると、そこに目を奪われます。手品の類は人間のそうした習性を利用したショーです。プロスポーツ・チームの例でも選手Aが実はよい動きをしていたとしても、目に見える結果を出さなければ、選手起用を変えたら負けたという印象だけが残るわけです。すると、つぎの試合でのチームの立て直し策は選手Aを起用しない、という「わかりやすい対策」につながるわけです。「わかりやすい対策」を連発させることは、必ずしも正しい対策ではない――というのは、少し考えればみなさんの身近な例からも理解できると思います。

事情が異なるのに、同じ解決策

③他人の頭で考える、とはなんでしょうか。これは日本人の大きな特徴のひとつかもし

れませんが、自分の頭で考えた結果自体に自信が持てません。象徴するのが「他社はどうしてる？」「○○くんの家はどうなってるの？」という問いかけです。自分（自分たち）とそれ以外の人（組織）を比べ、その差異を分析することによって意思決定や問題解決の材料とする、そのこと自体はまったく間違いではありません。むしろ積極的にやっていったほうがよいと思います。

ところが、「競合他社が部品Eを採用したのか、ではわが社もそうしよう」というのでは組織は誤った方向へすすむばかりです。

「他人の頭」で考えられた対策を無批判に受け入れては意味がありません。事情は、その人その人、組織ごとにまったく違うのです。

企業の組織変革をしようと、著名なコンサルタントにすべてをお任せにしたが、まったく役立たなかった、むしろ組織が非効率になった、という例もあります。他にもアメリカで流行しているからという理由だけで、新たな経営手法を直輸入して導入するところもあるようですが、失敗するだけです。似たようなポイントとして、会社などで発生しがちな例を挙げれば、「顧客の喜びを自分の頭で考えず、社内でウケることを上司の頭で考える」などもあるでしょう。

これもかなりの頻度で私たちの身の回りで観察できることです。

それができるなら苦労はしない、という指示

最後に、④場当たりの議論です。先の例では、部下から多重の仕事内容にたいするクレームが寄せられて、即座に「では新しい部署をつくってきちんと対応」と答えています。まず実現しないでしょう。発言している本人も、その場をしのぐために、適当に言っているのかもしれません。

場当たりの議論とは、後先を考えずに、つまり効果のほどや実現の可能性を考えずになされる議論です。「そんなこと言ったたって、実施できるわけないだろう」という類の話です。言うだけ、聞くだけ、時間のムダという気もします。ところが、これもしばしば目にします。先ほど、通信簿をもらったB山くんの家でのこと。

「成績表を見たけれど、五教科全部下がってるじゃないか」

「……」

「来学期中に一学期のレベルに戻さないとたいへんなことになるぞ」

「……」

「よし、成績が戻るまで、毎日各教科を二時間ずつ勉強しなさい」

「えーっ、無理だよ。そんなこと」

その無理なことを、お父さんは会社で上司から指示されて苦しんでいるわけです。リーダーの中には、実現できるかどうかまで深く考慮せずメンバーからの要望を聞いてしまったり、指示を出してしまう人が絶えません。各メンバーは、自分のやっていることが目標に到達できるはずもなく、時間と労力の浪費であると知りながら、反対意見を口にも出せずに黙々と作業に勤しむのです。

適切でない四つの指示は、それぞれが単独に私たちを困らせるものではありません。絡まりあって表れ、それによって問題もさらに複雑になります。そこに、短絡思考の人や、中途半端な知恵者、モラールの低いメンバーが関係してきます。だから、ここで挙げた四つの注意点だけ気をつければ問題が発生しない、というわけではないのです。現状でなにが起こっているのか、どうすれば改善できるのかという点についての「本質」が見えづらくなっているのです。

では、つぎにどうすれば問題の本質が見えるようになるのか、具体的な方法について考えてみましょう。

第2章
思考の道具——ご使用の前に

頭は使うものだ。
人が問題解決や意思決定をする場合、
頭の中でどんな思考ツールを使うのか——。
その使用法が整理されていれば、現実問題に直面しても、
効率よく正確に判断をする助けとなる。
本書では、思考の道具（ツール）を一五にまとめている。

1 思考の道具を使って考える

思考技術は洗濯機と同じだ

複雑に入り組んだ問題を解きほぐし、まったく新しい状況に直面して意思決定をするには、本質に迫ることが大切。では、本質に迫るにはどうするのか。それなりの道具が必要となります。日本では、目に見えない理論やアイデア、言葉を「道具」として認識することはありません。理論とは、学問とは、崇高なもの、難しいものという意識が邪魔をしてとっつきづらい印象を受けています。

いまから一五年以上前のことです。キャスリーン・バトルというオペラ歌手が、テレビCMに出演したこともあって、日本で大人気を博していました。そして、私がカリフォルニア州に滞在していたとき、彼女のコンサートの当日チケットが手に入るということで、大いに喜びました。会場は、日本でも有名なUCLA（カリフォルニア大学ロサンゼルス校）にあって、同大学で最も神聖な場所とされるロイスホールと記憶しています。そのとき、ホールにこう掲げられていたのを見て、驚きました。

教育とは「人類が不可欠と判断したツールの使い方を身につけること」

思考すること、学ぶことについての認識が、日本とこうも差異があるものかと改めて認識させられたのです。アメリカでは、学問や論理を指して「ツール」と呼ぶことがあります。「ツール＝道具」の翻訳自体が正確なニュアンスを伝えきれていないにしても、学問を道具とは、実学的な意味合いに認識する傾向が強いのかもしれません。かの国では、論理的な思考技術も問題解決の道具として広く認識され訓練されています。

私たちもこの点を見習って、日々の意思決定や問題解決に役立てる思考様式（思考技術）を、洗濯機や自動車と同じように、効率的に生きるための「道具」として考えてはどうでしょうか。そうすれば、もっと身近なものになるでしょう。

こう書くと、さまざまな人が違和感を感じるかもしれません。

まずアメリカを見習おうと話すと、「アメリカ的」なものに不快感を抱いている人が感情的な反発する場合があります。もちろん、無批判に他国の慣習や考え方を導入するのは、前章で説明した「他人の頭で考える」のと同じことです。ただし、なにも考えずアメリカにすべてを見習うわけではありません。

ラーメン、天ぷら、カレーライス……。いずれもルーツは海外にありますが、いまや立派な日本料理です。日本固有の考え方や文化を尊重することはもちろん重要です。加えて、新しい考え方を柔軟にアレンジして、受け入れ、自ら取り込んでしまうのも日本文化のすぐれた一側面ではないでしょうか。それに好き嫌いという感情で、見習うべき点をすべて排除してしまうのは理性的とはいえません。

本書で説明する思考技術のおおもとのアイデアはC・H・ケプナー博士、B・B・トリゴー博士が開発した思考技術、「ラショナル思考」をもとにしています。ただし、アメリカで開発された思考技術をそのまま日本に取り込んでも、文化、社会、気候風土がまったく異なる条件下でうまく機能するとは思えなかったため、ケプナー博士と私が日本向けに「EM法（Effective Management Method）」を開発しています。本書では大胆に簡略化したり、あえて解釈を広げている部分もありますが、これから説明をするベースとなるのはEM法です。やはり、日本には日本に合った考え方というものがあるのです。

つぎに思考法を「道具」として認識する違和感です。

人間のあり方についての考察や文学についてなど、すべての学問を役に立つ「道具」として考えるのはたしかに抵抗がありますし、無理に考えるのはむしろ愚かなことです。

ただし、論理的な思考技術は効率的に最適な意思決定や問題解決のプロセスを訓練するだけです。思想や信条、個人的な好みといった価値判断にまでは踏み込みません。「定食屋さんで、豚のしょうが焼き定食にするのか、冷奴定食を選ぶのか」の純粋な意思決定には関与しません。「好きなほうを食べてください」と言うだけです。

それでも、「体重を減らしたい」「疲れ気味なので回復効果のあるものを」といった「前提」が加われば、定食屋さんのさまざまなメニューからなにを選択するかを思考技術によって分析できます。これはつまり、「道具」も使う人が違えば、導き出される結論も自ずと変わってくるというものです。

では、具体的な思考技術の道具にはどんなものがそろっているのでしょうか。

問題解決プロセスを構成する道具

大工道具にはさまざまな種類のものがあります。ノコギリ、カンナ、カナヅチ、クギ、ノミ……。材料を切る、木肌を滑らかにする、クギを打つなど用途によって多くの道具を使い分けています。

同様に問題解決のための「思考の道具」の種類もいろいろです。これは、問題を前にして正しく分析し、対策を練り、実行していくプロセスが細かく分かれるからです。そのステップのひとつひとつに対応する道具を用意しています。これを表にまとめたのでご覧ください（次ページ）。本書の真のねらいは、ここに挙げられている一五の道具の使い方をみなさんと一緒に考える点にあります。

この一五の道具は、EM法でいうところの四つの思考領域を構成するものです。四つの思考領域とはつぎのものをいいます。

人間の頭の使い方を分類すると

①数々の問題を把握すべき状況――どんな問題があるのか、どれから処理すべきなのか

②原因を究明すべき状況――なぜ、問題やトラブルは起きたのか、どう対処すべきか

③選択や決定をすべき状況――どの選択肢を選ぶのが、最も望ましいのか

④リスク対応が求められる状況――環境変化を踏まえ、将来の危険や不安にどう備えるか

EM法を私とともに開発したケプナー博士は、人間が問題に直面したときの思考は、この四つのいずれかの領域に属すると定義しました。しかも、これらの四つの思考法には、

15の思考道具

①問題の課題化	「問題」という、たんなる状況を分析や行動につなげる表現にする
②分離・分解	わかりづらい問題を、さまざまな要素に分けて分析、本質に迫る
③優先順位	複数の課題のうち、どこから手をつければいいのかを判断する
④判断基準	複数の選択肢から、なにを選ぶか、基準を定めてウエイトづけする
⑤分析課題	なにを分析しているのか、課題を具体的かつ明快に表す
⑥情報収集	必要な情報はなにかを明確にし、ヌケ、モレ、過剰がないよう集める
⑦原因の検証	推定された原因が正しいかどうか、論理的に分析・検討する
⑧対策	問題やトラブルを緩和し、原因を除去する。除去できなければ対応する
⑨決定事項	なにを決めようとするのかを、部分的、全体的な視点で正しく把握する
⑩選択肢	「決めつけ」を排し、決定する事項について複数のアイデア、プランを立てる
⑪マイナス要因	複数の選択肢のそれぞれを実施した場合、負の側面を事前に考える
⑫重大領域	大きなリスクが現実となりやすいのは、いつか、どこか、どんな状況か
⑬具体的な問題現象	どんな問題やトラブルが起こりうるのかを具体的に列挙する
⑭予防対策	リスクの原因をあらかじめ除去して、発生確率をできる限り低くする
⑮発生時対策	問題やトラブルが現実となったときの対応策を事前に考えておく

それぞれ固有の思考プロセスがあります（次節で簡単に説明）。みなさんも、ご自身が困っていることについて考えたり、新たな取り組みをしようと知恵を絞っているときのことを思い浮かべてみれば、ここに挙げた四つの領域のいずれかを組み込んで頭を使っています。

さらに本書では、四つの思考領域をさらに細かい段階まで分解して一五の道具としました。ですから、これから紹介する道具は、本来は四つの思考領域の一プロセスでした。ただし、四つの思考領域は、単独で存在することはほとんどありません。そのため、それぞれの「思考の道具」については、以前私が『問題解決の思考技術』（日経ビジネス人文庫）などで説明した際よりも、「利用範囲」を拡大して紹介してあります。以前と異なった説明ではないかと驚かないでください。これを使って、現実を切り取っていけば、期待すべき状態を現実とする道筋が効率的に見つけられるはずです。

2 四つの思考領域の考え方

では、四つの思考領域には、具体的にどのようなプロセスがあるのでしょうか。大まかな流れを知っておけば、この本を読み終わって、いざ一五の道具を使おうという際に、スムーズに当てはめることができます。

まずは、「数々の問題を把握すべき状況」についてです。「現状把握のプロセス」ともいいます。

問題が起こり、「どうなっているんだ」と聞かれると、「状況の把握に努めます」とか「現状を把握するために情報を収集します」というセリフが聞かれます。ただ、これらの発言を受けた行動はあまりに全般的・抽象的で、ほとんど問題解決の役に立たない段階で終わってしまうのです。

本書がいう現状把握とは、問題の本質にはなにがあるのか、処理しやすい個別具体的な問題に分解したうえで優先順位を設定（評価）し、さらにどんなプロセスで個々の問題を処理して結論を出すか、という一連の思考作業を指します。

たとえば、ある会社の営業部に製品クレームが殺到したとすると、「どんな商品に殺到しているのか」「どういう内容のクレームなのか」「どういう顧客からのクレームが多いのか」など、個別具体的な問題に分解していくプロセスです。

つぎに、「原因を究明すべき状況」です。

これは、すでに起きた問題やトラブルを分析し、なぜ起きたのかを究明して除去したり、影響を軽微にしたり、ふたたび同様の問題が発生しないようにするプロセスです。

この場合、問題やトラブルという現象そのものを、個別具体的な原因に分解して答えを探していくわけです。その過程では、なんの原因を分析するのか、その課題を明快に表し、原因を特定するための情報を収集したり、考えられる原因をすべて挙げたり、問題が発生した場合としない場合を比較するなどのプロセスを踏みます。

さらに、正しい原因が特定されれば、適切な対策を立案します。この対策も暫定的なもの、抜本的なもの、再発防止をねらいとしたものがあります。

「選択や決定をすべき状況」は、「どの金融商品に投資をすればよいのだろう」や「どこ

現状把握のプロセス

❶状況把握の対象と範囲 → ❷関心事の列挙 → ❸関心事の具体化と分離・分解 → ❹ステートメント化 → ❺優先順位の設定 → ❻全体像の把握 → ❼課題別管理の実施

原因究明のプロセス

❶原因究明の対象と現象 → ❷情報の収集・整理 → ❸違いの発見 → ❹変化の発見 → ❺原因の推定 → ❻原因の消去・絞り込み → ❼対策の策定 → ❽実行管理

意思決定のプロセス

❶ 決定事項 → ❷ 目標の列挙 → ❸ 目標の分類とウエートづけ → ❹ 選択肢の起案 → ❺ 選択肢の評価 → ❻ マイナス要因とその対策の検討 → ❼ 実行管理

リスク対応のプロセス

❶ リスクの対象と範囲 → ❷ 実施計画の確認 → ❸ 重大領域の確認 → ❹ 将来問題の想定と評価 → ❺ 原因の想定 → ❻ 予防対策の設定 → ❼ 発生時対策の設定 → ❽ 総合評価 → ❾ 実行管理

に工場を建設すれば生産性を上げて、品質も向上できるのだろう」のような、論理的思考技術で分析をするとよい結果が期待できるような状況における選択や意思決定のプロセスです。

これまでの日本では、「思い込み」や「決めうち」の意思決定がなされてきました。しかし、それではあまりに非効率です。そこで、複数思考という考え方を使って、さまざまな選択肢を挙げます。そして正しい判断基準を定めることによって最適な選択や判断をするのです。

最後に「リスク対応が求められる状況」です。

私たちは、火災や地震など目に見えるリスクにはしっかり対応しようとするのに(それが十分かどうかはともかく)、ビジネス上のリスクや個人生活での金銭問題など、目に見えづらいリスクには注意がいかず、対応が不十分となります。

そこで、どういう状況で、どのようなリスクが考えられるのか、特に気をつけるべきポイントはなにかを明らかにします。続いて、考えられうる「予防対策」「発生時対策」を考えていかなければならないのです。

いかがでしょうか。四つの思考領域のプロセスそのものについて説明をしましたが、あまりにも無機質でいまいち理解しづらかったかもしれません。七二〜七三ページの表をご覧いただければ、一五の道具との関連もある程度はつかめます。第3章からは、より噛み砕いてだれもがわかるように解説しますので心配しないでください。一五の道具それぞれの説明を読まれてから、さらにこの四つの思考領域について再読すれば、ここで私がなにを言及しようとしていたかもご理解いただけると思います。

3 思考の道具の効用と限界

思考の道具化はマニュアル化か

実際に各道具について説明する前に、使用上の注意を述べておきたいと思います。まず思考方法を類型化して解説すると思わぬ批判を浴びます。思考のマニュアル化ではないのか、というのです。そんなことはありません。私もマニュアル思考には大反対です。マニュアルといえば、ファストフードのチェーンでアルバイト教育に使われるものが有名です。もちろん、マニュアルは非常に便利で、何度も繰り返されるシンプルな作業全般について、どのように着手し行動すれば効率的なのか——だれが読んでも役立てられるように書いてあります。この点については、どんどんマニュアルを採用し、作業効率の向上に結びつけていくべきでしょう。

ところが、マニュアルで対応できるのは「作業」までです。思考プロセスとの親和性は高くありません。思考する、という行為にとってより大切なのはマニュアルよりもその背景にある理念です。

マニュアル主義、お役所主義、教条主義という言葉を耳にすると、共通したマイナスの印象を受けます。

たとえば、「こちらの案件については、前例がないのでお受けできません」「時間が過ぎました。また明日いらしてください」「それは、やらない決まりになっていますので、お引き取りください」……。読者のみなさんも、いずれかは耳にし、不愉快な経験をしたことがあると思います。これが思考のマニュアル化の端的な例です。

思考とは、決められた道のりがないけれど、どうやって前にすすんでいくかを工夫する行為です。前例がない、決まりにないなどと言って即座に結論を出してしまうのは、つまり「考えていない」のです。前進を最初から拒否する姿勢が明らかだから不快なのです。

それに、思考にかんしてマニュアル主義、教条主義に陥るのがいけない理由は、そこに理念や理想がないからです。見え隠れするのは「面倒くさいことは、ごめんだ」という卑しい心でしょう。だから不愉快になります。言葉づかいも、作業のすすめ方も申し分ないのに、なぜか不快感がつきまとう旅館があります。顧客に接する従業員の顔に、「ああ、面倒くさい」とはっきり書かれてあります。こういう旅館には、そのうちお客が寄りつかなくなるはずです。

ファストフードでは決められた作業手順がありますが、マニュアルがないと作業効率が落ち面倒だからという理由ではありません。作業効率を高めて、顧客にいかにストレスを感じさせずにサービスを提供して満足してもらうか、がねらいにあるのでしょう。

ふつうに生活していれば、必ずマニュアルに載っていない事態が訪れます。そのときに役立つのは、いかに行動の裏づけとなる理念や個人としての良識をきちんと保持しているかです。

最近、世の中では企業のコンプライアンスやガバナンスについての議論が盛んです。そこで、コンプライアンス・マニュアルやガバナンスのルールづくりをする企業がかなりの割合であります。結構なことだと思います。ところが、これらのマニュアルやルールをつくれば、それでコンプライアンスに熱心でガバナンスもきちんとしていることの証明になると誤解している向きもかなりありそうです。驚くべきことです。

これから説明を読めば理解いただけると思いますが、この本には道具を使うための「マニュアル」は書かれてありますが、なんのために使うかは書いてありません。Aという事象があれば、Bという道具で、Cという答えが出る、というような単純な割り切りは絶対にできないのです。思考の道具の本当の使い方は、自分の頭で考えなくてはいけないのです。

道具や部品の組み合わせ方

もうひとつ、これは本当に危険なので気をつけていただきたい点があります。

それは、思考の道具をぶつ切りにして使ってしまうことです。たとえば、自動車の部品があったとします。それぞれの部品を、それぞれの部品メーカーが独自のスペックでつくってしまったらどうなるでしょうか――最終商品として組み立てられなくなるでしょう。

思考プロセスも同じです。本書では繰り返し、分解と複数化によって本質に迫る方法が説明されていきます。しかし、どんなに思考の対象が細分化されていても、全体を見渡す俯瞰《ふかん》した視線を絶対に失ってはいけません。それがなくなると、「いま自分がなににつぃて考えているのか、その結果はどう他の思考とつながっていくのか」を忘れてしまい、結局は部分の最適だけを追って使えないという結論が導き出されるのです。

また、道具を使う局面を間違えないことです。大工さんが木を二つに切ろうとするとき、ふつうはノコギリを使います。ところが、（そんなミスを犯す大工さんはいないでしょうが）ノミを使ってだって、木を切断できるわけです。すると、断面はノコギリを用いたときに比べて荒れたものになり、結局は家を建てる材料として利用できない代物になってしまうのです。

これは思考の道具についても同じです。

たとえば、複数の案件があって、どこから手をつけるかという優先順位の考え方がありますます。一方で、なにかの選択をする際に、意思決定の礎となる判断基準の考え方がありまます。日本人が犯しがちな間違いなのですが、これの区別がつかないと、とんでもなくピントがズレた選択、意思決定をしてしまうことがあるのです。

なるべく懇切丁寧に説明を加えるつもりではありますが、どういう局面で、どの道具をどのような組み合わせで使っていくかは、ご自身でしっかりと考えてください。

第3章
問題の真因は細部に宿る

問題に直面すると、現場・現実を見ないで、
即座に全体的かつイメージ先行の対策を考えるから間違う。
真理は細部（ディテール）に宿る。
大きな問題であればあるほど、
顕微鏡で見るような態度が必要なのだ。

1 問題と課題の明快な違い

私はステーキです

いまから二、三〇年前の話です。私の友人が、ある会社社長の秘書としてニューヨークに出張しました。当時は、成田空港からジョン・F・ケネディ空港まで直行便で一六時間ほどかかったものです。飛行機は夕食時に到着しました。

社長は友人に「なにか美味いもの食おうよ」と言って、二人はニューヨークでも最高レベルのレストランに向かいました。少しワインを飲み、メインを注文する段になったときのこと。英語ができる友人は社長に「なにになさいますか」と聞くのですが、社長は、「わしは英会話を懸命に勉強してきたのだから、それくらいの注文は自分でするよ」と、ウエイターに自ら話しかけました。

I am steak.

もちろん、ウエイターは相当に困惑したと推測されますが、そこはさすが最高級レストランだけあって、無事にステーキが運ばれたそうです。

このエピソードは、たんなる社長の道中失敗談とも読めますが、そこに本書のテーマの一部が隠されています。

I am steak. 翻訳すれば「私はステーキです」となります。かなり恥ずかしい間違いです。では、つぎの日本語の会話を見てください。

「社長、なにをオーダーしましょうか」
「君は、どうするんだ」
「そうですね。私はステーキですかね」
「では、私もステーキかな」
「承知しました」

どうでしょう。この会話、特に違和感はないのではありませんか。ここに日本人の言語感覚の特徴があるかもしれません。意識から動詞が消え去ってしまうのです。欧米でも、ステーキの注文の際など、場合によっては動詞の省略は行われます。ただし、意識レベルでの省略は、私の経験では少ないように思います。

ところが、私たちは「注文はなんにする?」「ステーキ」という会話を行う際に、行動や分析に結びつく動詞をきちんと認識していません。「私はステーキ(を注文したい)」「私はステーキ(を食べる)」をしっかり意識していたら、いかにとっさとはいっても、またはなくしても、共通の認識基盤があるから、意思疎通ができるだろうという甘えが見えます。アメリカのレストランで「私はステーキです」と間違った表現を使っても、うまく運ばれてきたように、「状況や文脈からうまく汲み取ってくれよ」という意識が根底にありそうです。

これには、日本語の文法の影響もあるのでしょうか。私は言語学の専門家ではないので詳しく言及はできませんが、英語や中国語などでは、主語のつぎに動詞がきて文章の核を形成します。目的語などはその後です。

「私は、調査を頼みます、○○について」「私は、指示します、○○を」という具合です。一方、日本語では主語を省略するうえに、動詞を後回しにして「○○について、調査を頼みます」「○○を、指示します」という語順が普通ですし、前記の言語にたいして語順の厳格さもないようです。ときに話している最中、動詞部分をあいまいにしたり、変更したり、消去することも多々あって、摩擦を起こさず、平和に会話をするには非常に便利です。これはこれで卑下する問題ではありません。

ただし、言語の差異があるかどうかは明言できなくても、動詞の認識を消してしまったり、あいまいにしてしまうというのは、問題解決のプロセスという点からは大きな弱点になるのはたしかです。この弱点を克服する必要はあります。

分析、行動につながるレベルへの読み替え

動詞が認識できない、動詞を消してしまう、という表現が正確でなければ、行動や分析に結びつく言葉がない、と読み替えてみましょう。すると、問題解決のステップにも同様の失敗が起こっていることがわかります。

たとえば、第1章で挙げた事例をいくつか見てみましょう。

勝てなくなった↓勝て

クラスの仲が悪い↓仲良くしろ

売り上げが伸び悩んでいる↓もっとがんばって売れ

いずれも、一応、動詞を使ってはいるのですが、問題そのものを具体的な行動指針にな

りえない対策へと一足で飛躍させてしまっています。これでは指示を受けたほうは「いったい、なにをしろというのか」、理解できない状況です。それを一概に悪いと決めつけることはできないのですが、こと問題解決や意思決定のような状況で、動詞をあいまいにしたり抜かしたりすると、後々、意思疎通に間違いがあった場合、とんでもなく困った状況に陥ることがあるので、可能な限り厳格にしておきたいものです。「そんなことを（そんなふうに）しろと命令した覚えはないぞ」「いや、たしかに同意はできているはずだ」。終点なき水掛け論のもと、というわけです。

そこで登場するのが、まず一番目の思考の道具、**①問題の課題化**です。

問題というのは状況そのものです。具体的なように思えても、よくよく考えればそのままではあまりに抽象的で対策となりえません。

たとえば、従業員から給料への不満が多数寄せられていたとします。「では、給料を上げよう」と簡単に答えられるような絶好調企業であれば、なんの心配もありません。ところが、大部分の会社はそうではない。かといって、なにか手を打たなければ、みなのやる気が落ち込んで、会社の業績も落ち込んでしまいそうです。

それならば、「従業員の給料にたいする不満が多い」という問題をどうやって具体的なアクション、対策に結びつけていくか。そのために問題を「課題」へと、昇華させていくわけです。この例で考えてみましょう。

給料への不満を「課題」にする

- わが社と同業他社との差を調査する
- 不平を寄せている従業員の年次の偏りを調べる
- 年次によって、どれくらいの格差があるのか、バラつきをつかむ
- 不平を寄せている従業員の部署に偏りはあるかを調査する
- 部署間による給与水準の差異、その理由を明快にする
- 諸手当にはどのようなものがあり、どのように支給されているか表にする

いかがでしょうか。こうして問題を課題にしていくと、行動の指針になることがわかります。これに答えていけば、どうやって従業員の不満が緩和されていくのか、その糸口が徐々にではありますが、見えてくるはずです。この問題を課題にするという「課題」と深く関係する⑤分析課題の設定の仕方については後に紹介したいと思います。

精神主義を排するテクニック

具体性のない対策は精神主義に陥ります。だれもが理解できる動詞による分析や行動が

指示されないまま失敗や不調がつづくと、リーダーは「やる気がないからだ」「根性が足りない」「頭を使っていない」と怒ります。しかし、そういうリーダーに限って自身の頭の中には対策はありません。

また個人のケースでも、抽象的な対策ばかり考えて行動すれば、たんなる「闇雲《やみくも》」にはまりがちで、なかなかうまい具合にことが運ばないわけです。

そして、ものごとがうまく運ばないとき、行き詰まったときほど、人間は「わかりやすい」極論にはしりがちになります。これがいちばん怖いのです。

最近でこそ事態は好転してきましたが、一九九〇年代には社会も含めて、日本経済全体が不調で、国全体に重苦しい雰囲気が蔓延《まんえん》していました。「失われた十年」という表現も使われたほどです。多くの政治家や、官僚、学者などが事態を打開するために、さまざまな政策を考案するのですが、従来はうまく機能したやり方もうまくいかなくなってきた。政策を考案するプロセスや実施議論が十分でなかったかもしれないのに、そこには考えが及ばず、通常の政策では打開できないほど悲惨で特別な状況にある、といった悲観論まで取りざたされました。

すると、にわかに登場するのが、具体性が著しく欠けた、イメージにもとづく「対策」です。

それが本質をついているかどうか、正しいプロセスによって導かれた政策かどうかはともかく、「○○事業を民営化する」「○○交付金を減額する」などは、かなり具体的です（賛否は別として）。ところが、問題の本質によい変化が表れないとわかると、「日本全体を改革しなければいけない」「企業組織のあり方は、好調なアメリカ企業のシステムをすべて見習うべきだ」という主旨の極論が広く伝播《でんぱ》していきます。どこが、どういうふうに、なぜ正しく機能しないのか、それを改善するにはどうすればよいのか、それを実施する際にどういう障害があるのかなどが議論される前に、「うまくいかないんだから、全部取り替えてしまえ」という短絡的な思考が支配的になるのです。そこには説明責任もなにもありません。

逆に、ひとたび好調に転じると、やはり日本は素晴らしい、日本的システムを見直すべきだ、となって「一気の解決」がなされたような気になり、過去の反省が取り上げられなくなります。

国際関係でも、経済、宗教、同盟、民族、国境などさまざまな利害問題が対立してのっぴきならない状況に陥ることがあります。個々の問題について具体的に探っていけば、解決の糸口が見つかる可能性は必ずあると信じますが、世の中は合理的なプレイヤーばかりではないので、すべてが理想通りにはいかず、「一気の解決」を目指して武力の行使という極端な対策にはしってしまうことがあるのです。これだって同じことです。

ものごとは、暴発、爆発、破綻にいたる前にたいてい行き詰まりの段階、停滞の状態となります。問題を抽象的な理解でとどめておくことも原因のひとつだと思います。これはなにも対策を実行しないことと同じだからです。具体的に分析でき、行動に移せる問題の課題化は、思考の道具の中でもかなり重要な存在であるといえます。しかし、複雑な問題はそのままのレベルでは具体的な課題に昇華させるのが難しい。そこで課題化にとっても欠かせない思考の道具があります。②分離・分解です。

思考の道具①――問題の課題化

- たんなる状況でしかない問題を分析や行動につながる表現にする
- つぎの行動がイメージできない、あいまいな表現を使わない
- 問題の表現をたんに言い換えるだけでは、実際の分析、行動につながらない

2 複雑な問題は「分けて」考える

宣伝を派手にすれば、よく売れる？

関東地方を地盤とするお菓子メーカーA社でのこと。新興企業で売り上げも急成長してきたのですが、今年に入って売上目標未達という月が続いています。このままでは年間予算の達成もおぼつきません。そこで創業社長は営業本部長を呼んで事情を聞くことにしました。

「今年に入ってから、うちも目標が達成できない月が続いているじゃない。まずいでしょ、このままじゃ」

「そうですね。宣伝費も目標伸長の見込みに合わせて増額してますからね。販売員もそれなりに増強してますし」

「なんか打開策ないの？」

「新しいテレビCMのシリーズを考えていて、いま宣伝部隊と代理店が知恵を絞っています。それから小売りへの営業攻勢も強めようと、販売員教育もさらに充実させて……」

「まあまあ、それは好きにやればよろしい。けれど、全社的な問題の解決という点からすれば有効かもしれないけど、本当の原因はなにか、きちんと把握してるの？　もっと細かいところを見ていかないと意味ないよ」

「じつは、そこまでは分析していないのですが。現状を調べた資料があります」

「ちょっと見せて。ほう、ほう、ほう。A県の伸び方が他に比べて鈍いんじゃない。あそこの商圏規模からいったら、うちのいまの成長率から考えても、今年だけで二〇パーセントは伸びててもおかしくないよ。ほら、B県なんかこんなに伸びてるんだから」

「たしかに、そう言われれば、そのとおりだと思います」

「じゃ、A県の攻略を中心にして具体的に対策を考えてみたら。宣伝活動も営業活動も力を入れてさあ」

「承知しました」

具体的に対策を実行してみた

それから半年後。営業本部長が立案した対策はA県での売り上げを増大させようとするものが中心でした。まず、県庁所在地にあるいちばん大きな駅の前に一億円をかけたド派手な街頭看板を立てました。この駅に電車で入ればひとりでに目につくほどのものです。さらに、A県では営業所の人数を二〇パーセント増やして、小売り店への販売活動にも力を入れています。それでも結局売り上げは伸び悩み、目標に達することはできませんでした。そして社長は再び営業本部長を呼び出します。


「ダメだったじゃない、最後まで。今年は予算が達成できなかったよ」

「たいへん申し訳なく思っています」

「いやいや、過ぎちゃったことはいいんだけどさ。でも、このままだとA県の売れ行きが足を引っ張るという状況が続いちゃうよ。それ避けたいよね」

「いろいろと対策は打ったんですけどねぇ」

「知ってるよ、それは。でも効果なかったもんね。なんで？」

「まあ、力不足としか言いようが」

「それ、全然答えになってない。たとえば調べたの？　他の県との違いとか、商品ごとの売れ行きの構成比とか、A県の人口動態とか、慣習とか、卸売り業者の事情とか、いろいろあるよ。やるべきことは」
「いまおっしゃったようなことについては調べてあります。これがデータです」
「どれ、ちょっと貸してみて。ああ、あるじゃない。ここに対策のヒントが」

大きな問題を「顕微鏡」で見る

さすがは、新興のお菓子メーカーを急成長させた社長さんです。どこで教わったのかはわかりませんが、思考の道具の二番目、②分離・分解を直感的に理解し、使っています。

課題化の部分でも説明したように、問題そのものは理解をしようと思っても、あまりに大きすぎ抽象的すぎる。そこで、全体の状況を表す問題を、より小さな問題に小分けしていくのです。すると、大きな問題のままでは実現しづらかった①課題化も容易にできるようになります。

先に挙げたお菓子メーカーの例を図で表すと次ページ上のようになります。

まず、全体の問題として「売上目標を達成できない月が多い」が挙げられています。この段階では課題化できません。もしても、実効のある分析はできませんし、対策は打てないのです。そこで、分離・分解の道具を使って「A県の売り上げが目標を大きく下回る」というレベルまで具体化します。この段階で、社長はA県についてしか言及していません。

お菓子メーカーの問題を分ける

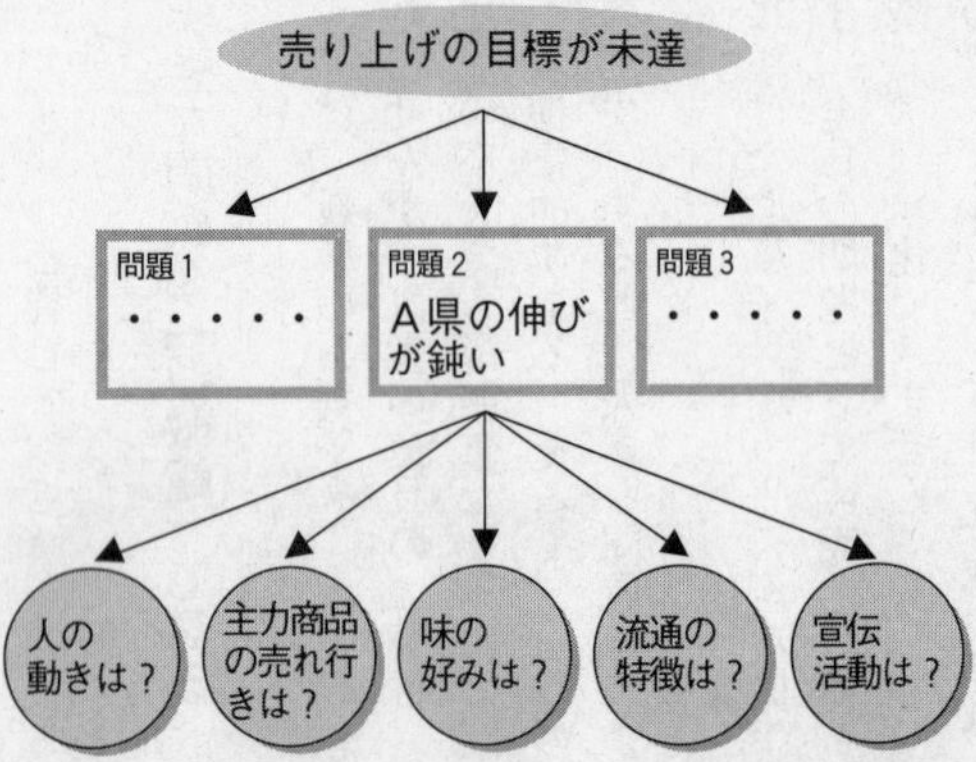

しかし、もちろん頭の中では、「主力商品の売れ行きは？」「有力小売りチェーン間で売れ行きにバラつきはあるか？」「スポットCMを大量に打った効果はあったか？」など、さまざまな質問を繰り広げて問題の分離・分解をしているのです。そこで、ひっかかったのがA県というわけです。

ただし、営業本部長の思慮が浅すぎました。A県の売上目標がなかなか達成できない、という段階で分離・分解をストップさせ、対策にはしってしまいました。本書が志向する問題解決では、このレベルではまだまだ問題の本質をきちんと理解しているとはいえません。このエピソードの続きを見てみましょう。

「A県の人って、ごはんのときに甘いおかずを食べるみたいだよ、これを見ると」

「いや、参りましたよ。出張のとき昼飯に定食を頼んだら、砂糖の塊《かたまり》みたいな玉子焼きが出て。あれじゃ、私なんかご飯が食べられないですよ、気持ち悪くて」

「君の味の好みなんて知らないよ。そういうことじゃなくて、うちの主力商品ってなに？」

「○○です。これは相当甘い菓子ですよね。A県の人たちの味の好みとも関連するかもしれません。よく売れているB県の人たちは薄味好みですからね」

「そうそう。ご飯のときに甘いものを食べるから、お菓子は辛いものなのか、それとも同じく甘いものなのか、見方はいろいろあるけれど、しっかり因果関係を調べてよ。それと、問屋さんの状況もちょっと特殊だよ、ここ」

「はい、昔から力を持っている卸が五社くらいありまして、そこを攻略しなければいけないとは思っているんですよ」

「まあ、他にもいろいろあるかもしれないから、しっかり分析して、がんばってよ」

　そして、この会社では、A県における戦略商品を組み替え、さらに競合他社と特別な販売契約を結んでいた卸とも、新たな契約を結んだところ、数カ月後にはA県での売れ行きがかなり好転してきました。

　業界や状況など、だいぶ変えてはありますが、実際の企業で起こった出来事を脚色しています。この話からもわかるように、大きな問題も、小さな問題も、その真因はたいてい細部（ディテール）に宿っているものです。それを正しく見つけるためには「顕微鏡」のような視点で分析する必要があるのです。

成果が上がらないから〝クビ〟の愚

分離・分解を使う大きな目的は短絡思考を回避することです。先のエピソードでも理解できるように、問題を大きく捉えているうちに対策を考えると、どうしてもあいまいなものになりがちです。

以前、私がマレーシアで教育関係の仕事をしていたときのこと。政府は国民の教育レベルを上げようと躍起《やっき》になっていました。そのためにカネを使い、人にも投資していたのです。それでも、ある地区では教育レベルが下がってきた。すると政府はどうするか。地区の教育行政を担当する責任者を解雇するのです。経験が足りない、勉強が不足している、という理由です。

しかし、地区の教育レベルが下がってきたことと責任者の資質の良し悪しとの因果関係がいまいち不明でした。もしかしたら、経済の状況が悪くて家計が困窮、勉強どころではなくなっていたのかもしれません。地域の風俗が乱れて生徒たちが誘惑されることが増えたのかもしれないでしょう。それに解雇の理由である責任者の資質にしても、正しく見きわめられていたかどうかは疑問です。

企業でも優秀な人材がいて、期待を込めて登用したのに、なにか不都合なことが起こるとそれだけで首をすげ替えて、対策を打った気になっている経営者がいます。これはきちんとした対策を立案したとはいえません。

結論からいえば、より具体的な対策を打つ必要があるのであれば、大きな問題であればあるほど、ディテールを語ることによって現実を目にする必要があるわけです。それがなかなかできない。

現場を知らないリーダーはいらない

分離・分解を使うもうひとつの効果は、視点の置きどころがより現場に近づいていく、ということです。

私は現場にこそ真実があると思います。たとえば企業であれば、現場で起こるひとつひとつの現象に正しく対応できるようにし、それを積み重ねることが経営そのものだということです。現在の会社を覆う悲劇のひとつに経営者の現場にたいする誤解や無関心があると思います。

経営者の誤解とは、現場から意思決定に関係するような話が上がってくると、「それは現場の話だ」とすべてをお任せにしてしまい、自分の役割は「ビジョンを語ること」「戦略を考えること」「将来像を描き出すこと」だけだと思い込みます。

もちろん、自らの組織がどういう方向にすすむべきか、それを考えることも大切な経営者の役割なのですが、夢見がちな人に限ってビジョンも戦略も将来像も、正しく描き出す能力が欠けていたりするのです。

それはさておき、かなり大きな会社であっても、日常のオペレーションに携わらなくてよい存在は、ほんの数人いるかどうかでしょう。

ごく限られたトップ経営層以外のほとんどのマネジャーは、とにかく現場を見て、日常業務にしっかり従事してもらいたいものです。問題解決や意思決定を正しくすすめるためには、いかに分離・分解をしっかりやって現場レベルの材料を論理的思考に組み入れるかが最も重要な作業となるのです。正しい判断をしたければ、ディテールに真理が宿ることを認識し、正しく現場を見よ、ということです。

思考の道具②――分離・分解

- 大ぐくりで漠然とした問題を、構成要素に分ける
- 抽象的に表現されている状態を、具体的で処理しやすい部分に分ける
- 大きな問題であればあるほど、「顕微鏡」で見るような視点で分解する

3 重大な問題が見逃される理由

日本人が失敗する三つの混乱

日本人は複数形の思考が得意ではありません。そのために、「できるのか、できないのか」「やるのか、やらないのか」など二者択一的な思考方法をとりがちになります。最適な問題解決、意思決定では、限りない可能性の中から最善の道をすすむというのが目標になりますから、二者択一の思考を排除しなくてはならないと考えます。

では、なぜ二者択一的思考に陥ってしまうのでしょうか。以前に私は『質問力』(日経ビジネス人文庫)という本でも説明しましたが、その原因は私たちの言葉の使い方にあります。

僕ら、彼ら、私たち、君たち、我々など人称代名詞については、日本人も抵抗なく複数

形を使います。ところが、それ以外の言葉となると、とたんに単数形と複数形の違いがなくなるのです。

「問題たち」「論点ども」「ラジオたち」「電話ら」「質問たち」ということは、まずありません。「林檎《りんご》たち」「卵たち」といった表現を耳にしないこともありませんが、これは明らかに擬人化された表現なので除外します。

「諸問題」「諸国」「諸州」という表現もありますが、ふだんの会話で頻出することはありません。一方、英語などは数えられる名詞が複数ある場合には、よほどの例外的なケースを除いて複数形にして表現します。

そうした背景があるからなのか、複数の案件の中から、ひとつを選び出すことが非常に苦手です。たとえば、思考の道具の問題の課題化や分離・分解を展開していくと、複数の問題が同時に表面化することがしばしばあります。その際に、どこからどのように手をつけるのか、これを選ばなくてはなりません。

たとえば、あるスポーツチームが勝てなくなった、という状況があったとします。そこで、オーナーが監督に「なぜ、勝てないんだ？」と問いかけてみると、たくさんの問題が挙げられました。

監督が列挙した「勝てない理由」

- 主力選手が極度の不振
- トレードで有力選手が次々入団、若手の練習にたいする熱意が低い
- 観客が少なく選手のモラールが上がらない
- 監督と一部のコーチが不仲
- 選手に故障者が多い
- トレードで獲得した選手が不振
- 選手間に派閥がありチームワークが悪い
- ライバルチームの補強が成功
- 新しいフォーメーションに慣れていない

（オーナーが口出しする選手起用が失敗）

最後のひとつは監督も口に出すのをはばかってしまったのですが、それにしても大量な問題があります。これのどこから手をつけるのか、非常に難しいテーマです。そこで道筋をつけるのが三番目の思考の道具、③優先順位です。

では、その使い方を考えてみましょう。

先送りと見逃しを分析する

監督が挙げたいずれも、解決すべき重要な問題です。本来であれば「オーナー、選手起用に口出しするのをやめてください」と言いたいところですが、監督自身が辞めさせられるリスクが高まるので、言い出せませんでした。お気の毒です。

とにかく、残り九つの問題のどこから手をつけるかを考えなければなりません。それぞれに対策を立てようにも、人手と時間には限りがあります。その優先順位をつけるプロセスが重要というわけです。では、複数ある問題をどう考えるのか、つぎの三つの基準を使って考えてみます。

①重要度――より大きな問題（案件）は
②緊急度――すぐに手をつけるべき問題（案件）は
③拡大傾向――放置すると、より拡大（深刻化）する問題（案件）は

この三つの基準を使って、それぞれの問題を分析してみます。この見方について、たとえば「一〇〇万円の案件」と「一億円の案件」があれば、重要度は「一億円の案件」のほうが上と見ます。また、「一週間後に締め切り」と「二カ月後に締め切り」という課題が

あれば「一週間後に締め切り」の課題のほうが緊急度は高いわけです。さらに「現状一億円の収入減の要因」があったとして、「二年後も同様」と「二年後には五億円の収入減」の要因という違いがあれば、もちろん「二年後には五億円の収入減」となる要因が拡大(深刻化)傾向は強いと見るのです。

そして、プロスポーツ・チームの例を見ると、「主力選手の極度の不振」というのは、勝敗に直結するので重要度、緊急度いずれも高いと見ます。また、「若手の練習にたいする熱意が低い」という事実があれば、将来のチーム力を大きくマイナスするので、拡大傾向が強いと考えます。

このように、三つの要素を重視して、複数の問題や案件がある中から、手をつける順序、つまり優先順位を決めていくのです。この際、複数思考が苦手な私たちが注意すべき点があります。日ごろの生活でもよく目にする状況です。

たとえば、目の前に片づけるべき案件が山積しています。あなたは、どこから手をつけるでしょうか。優先順位の考え方を知らない大部分の人は、おおむね、緊急度の高いものに着手してしまいます。これが失敗の始まりです。「なんで、そんな大事なことに手をつけずに放っておいたんだ」という叱責を学校や職場、その他いろいろな組織で耳にします。これは緊急度ばかりに目をとられ、重要度や拡大傾向に意識がいかなかったからです。

多くの人は、締め切りが近い仕事が目の前に迫ると、重要な仕事に手をつけずに放っておきます。たいていにおいて、重要な仕事というのは解決するのに手間がかかるうえ、完遂するまでに時間もかかるというのが理由のひとつとなります。さらに、緊急度が高い仕事に手をつける際、本来であれば一時間で終わるところを二時間も三時間もかけてしまい、ついつい重要度や拡大傾向が強い案件の手を抜いてしまう、という失敗も犯しがちです。夏休みの宿題や、仕事の課題などみなさんも経験があるのではないでしょうか。

これは、近年話題になっている「問題の先送り」とは少し事情が異なります。「問題の見逃し」です。

「先送り」というのは、手をつけたり、根本的な解決にいたると自分の地位が安泰でなくなる恐れがある、など消極的な理由があって、本当は解決しなければならないのを知っていながら、「もう少しだまっておけば、逃れられるかもしれない」「状況が大きく変われば、解決してしまうかもしれない」などと考えて故意に手をつけない行為です。

たとえば、融資の焦げ付き案件が大量にあるのを知っていながら、自らの地位に恋々として最終処理を怠り、後継に手つかずのまま渡してしまうような経営者の心のありようです。技術としての問題解決手法、論理的思考技術のレベルを超えて、理念、モラルという話になりますから、これは技術論ではいかんともしがたいものがあります。

一方、「見逃し」のほうは、手をつけるべきとは知っている、そこまでは同じなのですが、「まあ、もう少し後でもなんとかなるだろう」という根拠のない楽観に支配されたミス行動です。ときに「重要度の高い問題にばかり目を奪われて、目の前の（緊急度の高い）問題をなおざりにする」というミスも犯しますが、こちらの頻度はあまり高くありません。

ですから、これは思考の道具を使えば改善が可能です。緊急度については日本人はみな意識しすぎるくらい意識しています。重要度、拡大傾向をより強く意識するだけでも優先順位を決定する際に間違いが減るのではないでしょうか。

さて、優先順位をしっかり把握して複数の問題にあたるべき。これは間違いないのですが、つぎに挙げる道具、③判断基準と優先順位の違いを明快にしていないために、私たちは大失敗をしてしまいます。どういうことでしょうか。

思考の道具③——優先順位

- 複数の課題から、優先して手をつけるものを判断する
- 重要度、緊急度、拡大傾向の三要素で評価して取り組む順位を決める
- 優先順位を意思決定における判断基準と混同してはならない

4

なぜ、私たちは安物を買って銭を失いがちなのか

役に立たないパソコンソフトを買ってきた新入社員

とある町にある小さな会社。新入社員のAくんはパソコンに詳しいと評判です。電気街で部品を買ってきて、自作のマシンをつくるのが趣味といいます。それを知った常務は、経費節減のため営業部で使うパソコンをAくんに五台つくってもらいました。メーカーのものを買うのとたいして値段は変わらなかったのですが、組み立てるのが楽しいので、つい引き受けてしまいました。そしてパソコン導入の経費全体を削減させるためにとったAくんの行動が……。

「おい、Aくん。困るよ。ワープロソフトは○○にしてくれって頼んだじゃないか。うちの社員はみんな昔からそれを使ってるんだから」

「それ、古いですよ。いまはみんな△△を使ってます。それにこっちのほうが、○○より三〇パーセント安いんですから」

「そんなことといったって、みんな△△なんて使ったことないんだから。仕事に支障をきたしちゃうよ」

「パソコンのワープロソフトは、どれも使い方はそう変わらないんですって。問題ないです。直感でいけますよ、直感で」

「いい加減にしてくれないか。みんながAくんのようにパソコンの操作に慣れているわけじゃないんだよ。○○を使ってもらうのだって四苦八苦したんだから。いまから返品して、換えてもらってくれないか」

「ムリいわないでくださいよ。全部開封してインストールしちゃってるんですから」

「こちらは○○を買ってきてくれって頼んだじゃないか。最初から」

「なんですか。逆ギレですか。こっちは△△のほうがだいぶ安くて機能も変わらないから選んだんじゃないですか」

「仕方がないな……」

むしろ逆ギレしているのはAくんです。

新入社員の怒りに遠慮をしたのか、常務はしばらくそのままワープロソフトを△△のまにしていました。ところが実際にパソコンを使用する営業部員たちから「△△は使いづらい」というクレームが多く寄せられ、新しく導入したパソコンを使おうとしません。常務も最後には五台分の○○を買ってくるようAくんに指示し、インストールをすることになりました。

さて、このエピソード。思考の道具、④判断基準のウエイトづけを間違えた典型的な事例です。本来、値段だけで選ぶべきでないパソコンソフトを誤った基準で購入してしまい、かえってムダな経費を使ってしまいました。その仕組みについて考えてみましょう。

優先順位と判断基準の関係

思考の道具のうち、③優先順位と④判断基準はよく混乱して用いられます。同時に見ないとよく理解できない部分があるので、もう一度定義しましょう。

優先順位とは複数の問題や案件のどこから手をつけるか、「緊急度」「重要度」「拡大傾向」の三点を勘案して決定するものです。一方、判断基準とは複数の選択肢からなにかを選ぶときに複数の基準を設け、これにそれぞれウエイトづけすることです。ところが、私たちはウエイトづけをすべき判断基準にたいして「優先順位をつける」と混同した言葉づかいをして、問題解決や意思決定の現場を困惑させるのです。

先に書いたパソコンソフト購入の一件を例にして考えてみましょう。

パソコンソフトの選択肢として○と△があります。これを選ぶ基準として、操作性、実際に利用する人の習熟度、値段などのいくつかの条件を設け、それにウエイトづけをします。本来であれば、みなに使ってもらわなければ意味がないので、「実際に利用する人の習熟度」に最も高いウエイトがかけられるはずです。難しい計算をしなくても○が選択できるほどの単純なケースです。

ところが、Aくんは「安いものを購入して、本体でオーバーした金額を取り返したい」という意識が念頭にあったため、ついつい誤った判断をしてしまいました。諸々の条件にウエイトづけし、最も適切なものを購入する、という判断基準ツールを正しく認識していれば、間違えることはなかったでしょう。

たとえば、もう少し複雑な選択ではどうでしょうか。

ある研究所が実験設備を導入しようとしている場面を考えます。選択肢にはA社、B社、C社の三つがありました。そして判断基準には、性能、操作性、価格、メンテナンス・サービス、メンテナンス・フィー、所員の意向などさまざまなものが挙げられます（次ページ上の図参照）。

実験設備を決める基準の例

基準とウエイト		A社	B社	C社
必要な性能	10	×10	×10	× 8
操　作　性	8	× 9	× 8	× 8
価　　　格	7	× 7	× 8	× 9
メンテナンス・サービス	5	×10	× 9	× 7
メンテナンス・フィー	5	× 8	× 9	×10
所員の意向	3	×10	× 9	× 6

　それぞれの判断基準には、どれが重要かによってウエイトがかけられています。もっとも重視すべき条件にはそれだけ大きなウエイトを、それほど重要だと思えない基準には相対的に小さなウエイトを設定します。そして各社の商品が各基準をどれくらい満足するかがポイントとなってウエイトと掛けられて基準あたりの値が決定されます。その値の積み重ねを総合判断して、どの会社の商品を導入するかが決定されます。

　ちなみに、ここでは便宜的に各条件に設定するウエイトに具体的な数値を当てはめていますが、このウエイトはきわめて主観的な条件です。それはそうです。人によって「高くてもよいから、性能は最良に」「少々性能は落ちてもよいから、予算の限度は絶対に守りたい」と考えが違うのですから。この考えを反映させるのがウエイトだから、決まった数値などありません。

ここで注意しなければいけないのは、まず判断基準自体に優先順位づけをして取捨選択をしては判断を誤るということ、また逆説的ですが、複数の判断基準にウエイトづけをしていく際に意識が拡散しすぎて重要な判断基準の存在を忘れないことです。

この二点、言葉の説明だけではわかりづらいと思いますが、絶対に間違えてはいけないポイントです。

複数の基準とウエイトづけ

「安物買いの銭失い」という言葉があります。「安い」という点に目を奪われて思わず購入したところ、期待すべき機能を獲得できずに、結局は使わなかったり、新たにきちんとしたものを買い直す羽目になって高くついたという意味です。複数の選択肢にどうウエイトづけしていくかを失敗してはいけません。

> Aくんは大学四年生です。学校でも真面目に勉強に取り組み、かつ人当たりもよい性格です。この春にいろいろな会社の就職試験を受けたところ、驚くべきことに五社から採用したいという打診が寄せられています。そこで、どうすればよいのかAくんは迷っています。

複数の内定先から自らの就職先を選択する。以前に比べれば、最初に入った会社が一生の勤め先という意識も薄れているようですが、いずれにしろ人生の進路を大きく左右する選択の場面です。ここで考えられる判断基準にはどのようなものがあるでしょうか。

就職先を選ぶ判断基準は

- 業種はなにか
- 会社の安定性はどうか
- 将来、伸びそうな会社か
- 給与水準はどうか
- 勤務地はどこになりそうか
- 自分の希望する職種につける可能性は
- 業界内での会社の位置は
- 両親の意向は
- 面接官の印象は
- 先輩から聞いた評判は

このように多くの判断基準が挙げられます。これに、自らの主観でウエイトをつけるわけです。その際、先に説明した「基準に変な優先順位をつけて取捨選択してしまう」のを避けます。

たとえば、「僕は、なにしろ賃金と業種と職種。この三つを重視して決めるのだ」として、先に就職している先輩から会社内の人間関係、職場の雰囲気が非常に悪いことを聞いたことや、新規参入する競合他社に急追されていて利益を出せない体質になりつつあることなどをまったく無視して就職すると、後で痛い目にあう可能性が高いので注意しなければなりません。挙げられる条件はいずれも、会社に入ってから気持ちよく働いたり、今後の人生を設計するうえで大切な要素なのです。目配りはきちんとしなければなりません。

さらに、ここでは一〇個しか判断基準を挙げていませんが、無数の基準を挙げ、それぞれに自分なりのウエイトをつけ計算していくと、ひとつの基準が全体に埋もれる危険があるのです。

この例で考えれば、安定性、成長性、給与水準、勤務地、先輩や家族の評判いずれも高くて就職してはみたものの、会社の業種になかなか面白みを感じられずに仕事に熱が入らず、ついには転職してしまうというケースでしょう。限られた基準にばかり目を奪われてもいけないし、あまりに視野を広げすぎても失敗するということです。なにごともバランスが大切なのです。

買い物上手は論理的思考の名人

優先順位と判断基準の話をすると、面倒くさい計算なので頭が痛くなる、という人がいそうです。ただし、論理的思考能力にすぐれた知恵者が最適な選択をするプロセスでは、頭の中でこの計算が瞬時のうちに行われているわけです。

もちろん、日常の生活や仕事の場面で、この選択肢には、どんな判断基準があって、それぞれのウエイトがどのようになっていて……とか、目の前に案件がいっぱいあるけれども、この案件は、緊急度はどれくらいで、重要度は、拡大傾向は……などといちいち記していては煩《わずら》わしくて仕方がないでしょう。そこまでしろとは申しません。

頭の中に、常に優先順位と判断基準という道具を置いて、複数の案件や選択肢を前にしたときに「そういえば、こんな考え方があったな」と思い返してもらえれば、まったく意識しない場合に比べて、だいぶ失敗が少なくなり、かつ決断のスピードが速まると思います。

加えて、「目的」と「目標」という言葉も意識しておくとさらに判断基準という道具はチューンアップされます。

魚屋さんで魚を買う場合。タイやヒラメ、マグロにイワシ、サンマなどさまざまな魚が並んでいます。そこで、まず自分はなんのために今日、魚を買おうとしているのか、その目的を明確に意識します。「給料日前の食事を安く切り上げたい」のか「久々に家を訪れる両親を喜ばせたい」のか、目的は人によってさまざまに設定されます。これが主観です。

さらに、目的を達成するための目標が設定されます。これは判断基準とも読み替えられます。「価格はどうか」「食事する人の好みは」「昨日の献立は」「家にある材料は」「栄養のバランスは」などいろいろ挙げられるでしょう。そこで、「安く切り上げたい」が目的として設定されれば、自ずと「価格はどうか」という基準（目標）のウエイトが高くなります。「両親を喜ばせたい」が目的であれば、「食事する人の好みは」のウエイトが高まるのです。

世間にいる買い物上手と呼ばれる人々は、この目的、目標、判断基準のウエイトづけが非常に上手な、論理的思考の名人であると思います。

思考の道具④──判断基準

- 達成したい成果や制約条件にウエイトづけし、選択や決定の基準にする
- できるだけ幅広い見地から多くの項目を列挙し、判断基準を確立する
- すべての項目を絶対条件と相対条件に分類する

5 この計画は見直してくれたまえ

なにをすればよいか理解できない指示

だれだって、自分のアイデアや提案、分析が否定されれば腹が立ちます。けれど、よほど自惚《うぬぼ》れている人間でもない限り、合理的な説明とつぎの具体的な行動が示されれば、しぶしぶでも納得しようというものです。ところが、なにをどうするのか——具体的な指示がないんです。そのため感情的にも反発するし、モチベーションもひどく下がります。本当にこういうケースが多いので困ります。

「君が先週出してくれた新商品フェアの企画だけどな、残念ながら差し戻しになったよ。営業所長会議で、わかりづらいし、これでは顧客の顔が見えないって言われてねえ」

「でも部長、僕が説明したときには、企画も面白いっておっしゃったじゃないですか」

「僕自身は、いまでも問題ないと思うよ。でも営業所長会議でそう言われちゃ、どうしようもないんだよ。以前に、同じようなフェアをやったんだけれど、効果がなかったという判断でね。同じような結果になりはしないかと心配しているらしいんだ。申し訳ないんだけれど」

「これから、どうすればいいんでしょうか。企画については却下というわけですか」

「それが、そうでもないんだよ。完全にボツというわけじゃない。その点はまあ、よかったよな。企画全体を再度検討して、もう一度提出ということになったんだ」

「どこをどう検討すればよいでしょうか」

「それは君自身が考えることじゃないのかな。君の仕事なんだから。ただ、小手先だけの直しじゃ意味がないぞ。それは会議でもメンバーのほとんどが明快に言っていたよ」

「困りましたね」

「顧客の顔が見えないという指摘がポイントだと思うけどね」

「顧客の顔ですかあ」

「そうそう、過去の失敗を教訓にして全体を見直してくれれば、みんな賛成するっていう話でまとまったんだよ」

「前のフェアのなにが失敗だったんですか?」

「企画そのものが甘かったということらしいよ。ただしメンバー全員、君の若さとやる気を買ってるんだよ。今度の新商品は若い人にも買ってもらわないと困るからな。そのためには、なにかバーンと周囲を驚かせるアイデアを出してきてよ」

「バーンとですか」

「そう、バーンと」

「わかりました……」

企画を出した側からすると、これほどあいまいな課題はありません。「検討しろ」「見直せ」というのではなにに取り組めばよいのか不明確です。本章で最後の道具は⑤分析課題です。これはいちばん最初に挙げた①問題の課題化とかなり似ている部分もあります。

問題の課題化のプロセスは、目の前で起きている「問題」が、そのままの表現では、分析や行動に結びつけづらいので、それをしやすい表現に変えていく作業です。

一方で、分析課題のプロセスは、「いまなにを分析しているのか（しようとしているか）」「いまなにについて調べようとしているのか」など、分析の対象や課題を明確にすることです。だから、「全体を見直しなさい」や「企画を検討しなさい」といった表現では対象があいまいすぎるので不合格です。

個別事項に「動詞」をつける

状態としてある問題を、分析・行動の対象となるように課題とするプロセスについてはすでに見てきました。

私たちは課題を表現する際に特別に意識することなく、「企画を検討する」「原因を見直す」という表現を使います。しかし、この「検討する」「見直す」という表現についてよくよく考えてみれば、なにをすればよいのか理解できません。

アメリカでもreview（見直し）という言葉をしばしば使います。日本だけではありません。ただし、先の例のように対象となる相手を明快にすることなしに使うことは、まぁないでしょう。たいていは「review to ○○」とか「review the ○○」など○○部分がつくことが多いようです。これも完全によいわけではありませんが、日本よりも分析の課題や対象は明快である場合が多いようです。

本章の頭の部分で問題全体を対策にしてしまう失敗について見ました。たとえば「勝てない→勝て」「売れない→売れ」などです。この対策のまずさは、それを実現させるための道筋があいまいな指示だからです。同様に課題を設定するにもあいまいな表現のままではうまくいきません。

先の企画会議のエピソードでいえば、過去の失敗だったと思っている企画についても個別具体的に分析の課題を挙げます。

過去の失敗を分析する

- フェア中の売れ行きの伸びが二パーセントしかなかった
- グッズに採用した品物の人気が薄く、プレゼント応募者が少なかった
- 小売店の手続きが複雑で、クレームが多かった

などです。さらに新企画についても考えてみます。

新企画を分析する

- 予算がどれくらいかかるかもっとしっかり調査せよ
- 類似のキャンペーン事例にどのようなものがあるか、その効果と売れ行きの関連性を分析せよ
- キャンペーングッズがターゲット顧客層に受け入れられるか、細密なリサーチをせよ
- メインのコピーが弱いと思われるので、代替のコピーをいくつか立案せよ
- 実施店にどのような協力要請が必要か、現段階での想定を具体的に書き出せ
- 準備にどれくらいの人員と時間がかかるのかシミュレーションをせよ

など、具体的な課題が理解できる指示でなければ意味がないのです。企画を出した側とすれば、自分がなにをすればよいのか、なにをしなくてもよいのかが明快に理解できるので迷う時間がありません。また、出された指示にたいして建設的な議論をもちかけることも可能です。

では、これを問題解決や意思決定の現場でどのように使うのか。たとえば、あるイベント会社が海外からミュージシャンを呼んでコンサートを開いたのですが、集客があまり多くなかった。その原因を究明する会議を開くとして「コンサートの企画全体を見直す」というのでは、テーマも大くくりすぎ、指示される行動もあいまいで、出席者はなにを準備すればよいのかがわかりません。この際は、先に見た分離・分解の考え方を分析課題にたいしても適用して「観客の年齢層を調査する」とか「同じアーティストの他の地域でのコンサートとの比較分析をする」など具体的なテーマに落とし込み、なにをすべきかが明確な「動詞」を使ったほうが理解を得やすいと思います。

ただし、なんでもかんでも明快にしろとは言いません。あいまいな言葉を用いることを完全に否定するつもりはないのです。なにを伝えればよいのか考えていないから、あいまいにしてお茶を濁すというのは非常にまずいのですが、相手の自主性に期待して、あるいは信頼を表すために、あえてあいまいに表現する局面も日本社会ではありうると考えるからです。

問題解決能力や創造力が高い人に、あまりガチガチに意見をしすぎると、それだけでモラールが下がる恐れがあります。「言われなくても、わかってますよ」というわけです。

相手とのコミュニケーションが日ごろから密になされていて、思考方法や行動様式も熟知し、判断をしてもらっても誤解や問題が生じないのであれば、あいまいな表現を使ったり、「君に任せるよ」と言ってやる気を引き出すことも必要です。

この使い分けは非常に大切でしょう。

思考の道具⑤——分析課題

- 分析の対象となる項目を具体的な課題として表現する
- 大きすぎる課題は②分離・分解の道具を使って具体化する
- 「見直す」「検討する」など、あいまいな表現を使わない

第4章
なぜ問題は起こり続けるのか

問題に直面したら、現状をしっかり把握して、原因を正しく検証する。
このプロセスで誤りがあれば問題はいつまでも解決されない。
無意味な情報収集、根拠のない原因の決めつけ。
これを排するには、どんな思考道具を使うべきなのか——。

1 「情報の海」で航路を見失う

重役のなにげない指示で、職場は大混乱

クレームは本当にやっかいです。顧客対応そのものにかかる時間や手間、というコストもバカにならないでしょう。それよりも、怒っている人と接するというメンタルな部分でのコストもかなりのものです。働いている人であれば、どなたでも経験したことがあるでしょうが、感情的になっている人と電話で話しただけでも大きなダメージを受け、それからしばらくは仕事に手をつけられません。

そこでなんとかしようと、クレーム関連の一般的な書籍を読みます。すると、「クレームはお客様からの貴重なご提案。きちんと分析して業務の改善のチャンスと考えましょう」と書かれてあります。一理あります。けれども、ただの嫌がらせ、鬱憤《うっぷん》晴らし、いいがか

りとしか思えない類がけっこうな割合で寄せられるのも事実です。疲れます。

人の機微がわかっているマネジャーは、手間や難易度だけで仕事を測りません。それに従事することによって、精神的にどれだけの負担をかけるのかまできちんと計算します。ところが、鈍感なマネジャーとなると、まるで人間もパソコンや製造機械のように考えて、メンタル面のケアができません。共感力が希薄なため、多くのメンバーの信頼を失っていきます。一方、メンタル面に気をかける人でも信頼を失う局面があります。


さて、ここに会社重役がひとりいます。とても心の優しい人です。彼は、日ごろから自分が統括する事業部の従業員たちが、日々寄せられるクレームに苦しんでいることを知っていました。このままではみなが気の毒だと思いました。それに精神的に負荷がかかると生産性が落ちることも知っていたのです。その点では非常に立派なマネジャーです。そしてある日部長たちを招集しました。


「最近、うちの事業部でもクレームが増えているらしいな」

「はい、たしかに。ただ事業が成長、拡大しているので、仕方がない面があります。成長自体は喜ぶべきことですからね」

「商品が広く売れるようになれば、それだけお客さんの絶対数も増えるってことだからな」

「そうですね。まあ、クレームとはいわないまでも、サポートも含めると新規のお客さんからは毎日けっこうな数の電話がかかってきてるみたいですよ」

「うちの商品は初めてだと使いづらいかもしれないからな」

「マニュアル類は充実させて、できるだけ平易に書いてるつもりですけど、読んでもらえませんからね。うちの営業部員たちもダメージが大きいと言ってますよ」

「だいたい、一日にどれくらいかかってくるの」

「重大な問題が含まれるかもしれないのでメモは残してあるんですけど、そういえば、集計したことはなかったですね」

「直接対応する部署をつくるかどうかはともかく、お客さんからの情報は大切だよ。商品の改善に役立てられるかもしれない。それにクレームや問い合わせの傾向をきちんと分析すれば、電話がかかってくるのを少しは予防する対策も立てられるかもしれないし」

「おっしゃるとおりですね」

「では、すぐにお客さんからのクレームや問い合わせにかんする情報をまとめてよ」

「え、なんのですか？」

「うちの事業部、すべての営業部隊に寄せられたお客さんからの声だよ。どんな内容のものでもいいから、あるもの全部。最初から絞り込んじゃだめだよ。捨てた中に宝物が入ってるかもしれないからね。それからいろいろと分析、検討してみようよ」

「わかりました」

部長たちは、安請け合いしてしまいましたが、それからがたいへんでした。それぞれ自分の部署に帰って部員たちに指示を出したのですが、「とにかく情報をまとめろ」と言われても困ります。「なにが欲しいんですか?」と聞いても「クレームと問い合わせにかんするものは、ありとあらゆるものだ」といい加減な返事です。

どこまで遡《さかのぼ》って、どういう内容の情報を収集、整理すればよいのか指示がなかったので、部員たちは現在まで残っている全件の情報を一カ所に集めました。データを絞り込んだり整理する条件も与えられませんでした。数は膨大です。

困った部員たちは仕方がないので、発生した時系列に整理して提出しました。パソコン用のデータファイルに加え、出力した紙もつけたのですが、なんとダンボール箱一箱分にもなりました。しかもインデックスをつけるように言われていたので、その作業のためだけに、みな毎晩遅くまで残業しました。

そして、インデックスとともにダンボールに詰まったクレーム情報を部長が持っていくと、重役はこういいました。

「こんなに多くちゃなにがなんだかわからないな。なんでもいいから、切り口を見つけて整理して持ってきてくれないか」

重役と部長は信頼を失いました。

便利なパソコンが仕事を増やす

冗談のような話です。ここまでオーバーなことはそうそうないかもしれませんが、似たようなケースは散見されます。ムダな作業をさせられているな、と思わずつぶやいてしまうような社内資料、報告書、データ集が多くの会社で生産されています。

情報の時代は、仕事を増やします。みなさんも仕事や生活を快適にするという触れこみのパソコンが導入されてから、むしろ仕事の量が増えたと感じることはありませんか。それは思考の道具の⑥**情報収集**についての理解が不足しているからなのです。

インターネットの普及やパソコンなどＩＴ製品の技術が進展したことは、私たちの生活を新たなステージに連れ出してくれました。ただし、まだパソコンには有機的な判断ができません。そこが人間との大きな違いです。ゴミにしかならない情報も貴重な情報もまったく同じく集めてしまいます。インターネットの検索ページであいまいなキーワードを入れた場合を思い起こしてください。

もう「情報の時代は……」などと大仰に騒ぐ時期は終わりました。どれだけ有効に活用できるかを考える時代です。いかに集めるかより、いかに絞り込むかが肝要というわけです。

ＩＴ機器が家庭やオフィスに導入されてから、余計に忙しく感じるのは、以前はプロに任せて分業していたことを、いつまでも手許《てもと》で作業できるようになったこと、情報の「活用」ではなく「収集」「チェック」「取捨選択」に膨大な時間がかかるようになったことが原因です。この事実に目を向けなければ、いくら時間があっても足りません。

企業の情報システムを売り込む会社は、大量の情報を蓄積し、いつでも任意（その都度、違った内容の切り出し方で）の取り出しができるようにデータベースや情報システムを整備すれば、データの管理などにムダな手間をかけることなく、意思決定や問題解決の材料として役立てることができる、と宣伝します。その通りですし、すぐれた情報システムは問題解決業務にとって非常に有効です。ただし、それがあるだけですぐれた決断・判断ができると思ったら大間違いです。

集めて考えるか、考えて集めるか

どんなにＩＴ機器が普及したところで、最後に知恵を絞るのは人間です。こう書くと、いかにもありきたりの意見だと思われるでしょうが、よくよく考えれば、この事実の重要性に思いいたるはずです。

現在市販されているパソコンは、入力された情報、目に見える条件にしか反応しません。記憶装置も格段の進歩を遂げて大容量になっていますが、私たち人間に及ぶところではありません。人間が問題解決や意思決定をする場合、生まれてから現在まで出会った人々とのすべての会話、見聞きしたニュース、抱いた感情すべてが蓄積されていて、しかもそれが有機的に結合して判断につながっていくわけです。パソコンにはけっしてできない芸当です。同じ条件下で同じ情報を与えても、人によってまったく異なる意思決定をするのは、当人が判断を下す材料となるデータベースが百人百様なのと、その処理のロジックが人によって異なるためだと思います。だから、人間が下す判断や考案するアイデアにこそ「価値」が生じるわけです。

情報が足りなくなるのではないか、という不安は捨てましょう。この時代になって「それは知りませんでした」「情報が手に入りませんでした」と繰り返す人は、やる気のない人ばかりではありませんか。その気になれば、情報の海に溺《おぼ》れることはあっても、足りなくなることはありません。最後に頼るべきは「自分の頭」であると自覚して、情報収集にあたらなければ、ムダな作業ばかりが増えて真の「価値」を生み出す時間がなくなってしまいます。自分の頭で考えない人ほど、情報収集や整理、知識の蓄積に追われて働いている気になっているので注意しなければなりません。

では、情報収集について気をつけるべき点はなにか。

まず自分がなんのために情報を収集するか、その目的を明快にすることです。設定されるべき経営テーマや分析テーマをはっきりと示します。

さらに集める情報の内容です。これは四つの次元で表すことができます。

なにが——知りたい対象、現象はなにか
どこで——対象の存在する場所、現象の起こっている部位
いつ——日時や時間、トラブルであれば、どういう場合に起きているか
どの程度——数値にかんする情報

特に問題やトラブルについての情報収集をする際には、この四つの次元の情報すべてが明確になるように調べます。ただの事実情報（たとえば人名や商品名、商品の性能）などは別です。

当たり前のようですが、エピソードで登場した重役のような例が多すぎます。情報は「集めてから考える」のではなく、「考えてから集め、そして考える」のです。これを肝に銘じるだけでだいぶ作業効率は上がるでしょう。

情報を切り出すテーマの重要性

では、実際の作業で考えてみましょう。最近は情報投資がすすんでいるため生データの類は数多く蓄積されていることでしょう。問題は、そこからどのような条件をつけて取り出すかです。

先ほどのエピソードでは、重役が「とにかくクレームと問い合わせにかんするものはすべてだ」という適当な指示を出したことから混乱が生じました。クレームや顧客からの問い合わせが多くて部員たちがストレスを感じている、それを緩和したい、というねらいは非常に立派なのですが、その目的を果たすために「なにをするのか」という認識が甘かったためにピントが絞られなかったのです。

この場合、まず期間を明快に設定すべきでしょう。そして「どの商品についてのクレームが多いのかを調べて特定、商品自体がクレームを招く原因を分析する（工場の品質管理の問題か、設計不良か、材料不良か、使い勝手の悪さかなど）」「クレームや問い合わせにだれが対応しているか、特定の人物に過重な負担がかかっていないかを調査、顧客対応の体制の不備を是正する」「一次対応者の顧客対応、態度はどうか、問い合わせをクレームにしていないか」などあらかじめ、テーマを決めてから情報の切り出しを指示すれば、部員たちもたんに時系列に並べるようなことはなかったでしょう。

こうした考え方は、すでに蓄積されたデータからの切り出し方以外に、新規に収集する際にも持っておくべきでしょう。指示を出すにも必要な情報はなにかを明快にさせます。

とある夫婦が自動車を買おうと思案中です。

「念のため」に浪費される時間と手間

「うーん、これはいらない、これもいらない。これは見るとして……。これはいらない」

「なんで、せっかく私がもらってきたパンフレットを、そんなに簡単に見もしないで捨てるのよ」

「だって、買うのは軽自動車だもん」

「そんなこと言ってなかったじゃないの。それなら最初から言いなさいよ。集めるだけでたいへんだったのよ」

「おまえ、常識で考えろよ。うちにこんな高級外車を買える余裕があるわけないじゃないか」

「念のため、集められるだけ集めろって言ったの、あなたでしょう」

「別にいいじゃないか。全部を見ないわけじゃないんだから」

「あなた、ぜんぜんわかってない。いつだってそうよ……」

いつだって「念のため……」「とりあえず……」です。自分で情報の収集、蓄積をするのなら、どんなにムダな情報でも集めてくれという感じです（本当はいけないのですが）。「収集してくれ」と依頼をしておいてムダにすると、頼まれた人としては激しい不条理感、虚無感に襲われます。

企業でも、データの収集・蓄積に多くの人々が従事していますが、「これは、なんのために使うのだろう」「まず、使わないと思うけれど」というデータでも平気で収集・蓄積するように指示がなされます。その決まり文句は「念のため」です。このために、いかに多くの日本人の時間が浪費させられているのでしょうか。しかも、集めたデータを使わないばかりか、いざ「こんなデータが集まりました」と提示してみると、まったくの無関心です。立腹している人が大勢いることでしょう。

では、自動車のパンフレット収集が原因で夫婦ゲンカに発展してしまった事例を考えてみましょう。

この場合は、まずお願いする夫の側が複数の選択肢から意思決定をするために必要な情報を集めることをはっきり示すべきでした。軽自動車を買う、というねらいがあったのなら、ダイハツの○○、スズキの○○というように、目的と集めるメーカーくらいは提示すべきでしょう。

依頼した時点で軽自動車を買うという意思が固まっていなかったのなら、多くのパンフレットを見てから決めるにしても、やはりメーカー、購入予算等、いくつかの条件を提示して、収集する人が絞り込めるようにしなければいけません。しかも、集めてもらっているあいだに軽自動車を買うと決めたのならば、正直に奥さんにそのことを言って謝罪するか、検討するふりをしてその他のパンフレットも見なくてはいけません（これは論理思考とは関係ありませんが）。なんの条件も提示しないのならば、大型トラックのパンフレットをもらってきたって文句は言えないのです。

思考の道具⑥——情報収集

- なんのために、どんな情報を収集するかを明確にする
- なにが（だれが）、どこで、いつ、どの程度——四つの次元で収集、整理する
- 原因究明の情報収集は手順に従いシステマティックに行う

2 原因を発見したら、まず疑う

「ひらめき」と「思い込み」

そもそも人間は短絡思考をする動物なのです。

問題やトラブル、事故が起こったと聞けば、即座に原因が思い浮かびます。そして、しばしば間違えます。

前にも述べたように、人間の頭の中には現代のパソコンでもまったく及ばないような記憶装置が入っています。目の前で起きた現象があれば、自ら実際に体験したか、メディアを通して体験したかを問わず、巨大なデータベースに記憶されていた現象を切り出してき
関連性を調べるわけです。

こでAという現在起こっている事象と、Bという過去に起こった事象が類似している

と判断すると、Bを起こした原因のデータが呼び出されます。

その原因として、直接的で単純なものから間接的で非常に複雑なものまでさまざまなデータが列挙されます。いくつか例を出してみましょう。

成績が下がった
↓勉強をさぼった
↓勉強に打ち込めない悩みがある
↓クラブ活動が忙しすぎた

利益が上がらない
↓売り上げが少ない
↓経費が多い
↓返済すべき負債が多い

売り上げが少ない
↓商品力がない
↓営業担当がさぼっている
↓強力な競合会社、競合商品がある

だれでも推測できる因果関係の事例です。ここでは三つの原因だけ記していますが、もっと数多く思い起こされるかもしれません。利益が上がらない原因はそうそうないかもしれせんが。とにかく、この因果関係になんの不思議も感じないでしょう。その不思議を感じないところに、思い込みの危険が忍び寄るわけです。

その危険をいかに避けるかが⑦原因の検証です。

みなさんもご承知でしょう。「思い込み」は「思考停止」と同義です。「決めつけ」と親子です。多くの人は特定の現象を前にすると、すぐに思いつく因果関係で思考を止めてしまう傾向があります。

すぐに思いつく因果関係は、真の原因としてヒットする可能性も高い。強くインプットされているということは、それだけ当てはまる事例が多いか、ロジックとしても無理のないものなので当たり前でしょう。成績が下がったら、勉強をさぼったと考えるのも当然です。

ところが、表出する現象は同じように見えても、そこまでのプロセスはさまざまです。そのため、似たように見えるけれども実は違うという現象を前にすると、その因果にたいする想像力が欠如し、思い込みの罠にはまってしまいます。

知恵者はそのあたりを重々承知で、現象があってすぐに因果関係が思い浮かんでも、「他に原因はないだろうか」「比べている現象は本当に似ているのか」と無意識のうちに疑ってかかります。その際に、目の前で起きている現象を把握するための事実を幅広く捉え、それに対応する原因もより多く挙げ、分析するのです。

たいして、思い込みをする人は、現象そのものについて「ありきたり」な把握しかしません。そしてすぐに浮かんだ因果関係に根拠もなく「正解」の判定を下してしまうのです。「利益が上がらない」という現象のように、原因が見えやすい、もしくは限られたものを分析するまではそれでも悪影響は少ないでしょう。ところが、「利益が上がらない」現象からもう一段下りて、「売り上げが少ない」現象になると、因果関係が見えづらいのに、たとえば「営業担当がさぼっている」などと決めつけてしまうことがしばしばあります。考えられる原因は無数にあるのに、です。

それが本当の原因なのか――分析されることもなく対策が立てられます。すると、営業担当の目標を強化せよとか、人材配置をいじろうなどの施策が、場当たりであるとは認識されないまま場当たりに実施されます。すると、かなり高い確率で間違うわけです。

しばらく時間が経過すると、効果がないことが徐々に明らかになります。施策を考案した人は、自らの思い込みに気づかず（気づこうとせず）、「せっかく手を打ったのに効果が上がらない」として、さらにつぎの思い込みの対策を打ちます。非効率です。

知恵者は「ひらめき」ます。「思い込み」と「ひらめき」は、一見すると似ているようですが、まったく違うものです。「思い込み」はいちばん最初に浮かんだ答えです。「ひらめき」は最後に思いついた答えです。知恵者も「思い込み」の答えはもちろん浮かびます。

しかし、そこで思考をやめず、他に最適解があるのではないかと複数思考で可能性がある原因を挙げられるだけ挙げるのです。そして、それぞれの因果関係を分析して、最適だと思った答えがあれば「これだ」と結論づけるのです。このプロセスが頭の中で繰り広げられます。周囲の人は、いきなり答えが出てくるので「ひらめき」と呼びます。また、ひらめいた本人自身がこのプロセスを認識していないこともあります。

思考の道具における原因の検証では、この複数の仮説を挙げ、論理的に分析するプロセスを頭の中で繰り広げずにオープンにすることを求めます。

事故多発の曲がり角になにがあったのか

本書の冒頭で紹介した事例を思い起こしてください。レジャー施設の近くにある国道A号線のカーブで事故が多発するエピソードです。これなどは典型的な原因の決めつけ、思い込みの事例です。

「そうか、なぜなんだろう?」

「事故が集中するのは土日です。近くにレジャー施設があって、その帰り掛けに事故を起こす車が多いんですよ。家族連れが多くて運転に集中できないのと、早く家に着きたくてスピードを出しすぎてるのでしょう」

「原因がわかっているのなら、話は早い」

「はい、もちろん対策はいろいろと考えてあります」

「おお、頼もしいじゃないか。で、なんだ？」

「まず、注意喚起の看板をレジャー施設の駐車場とカーブの入り口に掲示しようと思います。つづいて現在はカーブにひとつしかないミラーをさらにもうひとつ増設しようと……」


それらしい原因をよくよく分析もせずに対策を打ったので、解決できませんでした。では、この事例はどうやって原因が特定されたのでしょうか。

イズとイズ・ノットの論理的消去法

まず事故が起きている現象をできるかぎり客観的に分析できるよう、事実を比較できる対象を洗い出してみます。そして、事故が多発する状況と事故がほとんど起きない状況の違いを明らかにすることによって、真の原因を突きとめていくのです。

まず、事故が多発する国道の地点の近辺には曲がり角がいくつかあることに着目します。そして、なぜ特定のカーブだけが現場となるのかを考えます。その際に有用なのが、イズ

5カ所のカーブの「イズ」と「イズ・ノット」

	事故多発	急カーブ	ミラー設置	道幅が狭い
カーブ1	イズ・ノット	イズ	イズ・ノット	イズ・ノット
カーブ2	イズ	イズ	イズ	イズ・ノット
カーブ3	イズ・ノット	イズ・ノット	イズ	イズ・ノット
カーブ4	イズ・ノット	イズ	イズ・ノット	イズ
カーブ5	イズ・ノット	イズ	イズ・ノット	イズ

（IS）とイズ・ノット（IS NOT）による論理的消去法です。上の表を見てください。

この地点の近くには五カ所のカーブがあります。そのうち事故が多発しているのは、2のみです。そこで1、3、4、5がイズ・ノットとなります。

急カーブになっているのは、3以外はすべてです。2だけが急だから、というのは理由にならないかもしれません。

カーブにミラーが設置されていないのは1、4、5。事故が起きている2も含めて二カ所に設置されています。

道幅が一定以上の狭さかどうかは、4、5が該当し、それ以外の道ではかなり広めの道幅であることがわかります。

このようにして、違いを明らかにしていきます。答えを明かすと、事故が多発する原因はカーブにミラーがあることでした。このカーブのミラーの設置場所が悪く、夕方レジャー帰りの車が進入してくると、ちょうどミラーに西日が入って一瞬目をくらませていたのです。事故を起こした人の証言を総合してもこの推論が当たっていることを証明しました。もちろん、ミラーの増設やメッセージ看板の設置が意味をなさなかったのは、このためです。むしろ運転者の注意をそらすので逆効果だったのかもしれません。

すべては町の交通安全対策委員の人たちが事故原因を短絡したところから始まりました。原因検証をする際、思い込みに頼ることがいかに危険かを示す事例となりました。

思考の道具⑦——原因の検証

- 原因は発生した事象および比較対象と矛盾しないかどうかで消去する
- 原因が事実関係に一項目でも矛盾する場合は真の原因になりえない
- 原因の検証が甘いと適切な対策は打てない

第5章
解決の科学を体現する実行力

対策をしっかり練らなければ、「実行」の論理的根拠が希薄となる。
日本では、政策議論に重きが置かれ、実施議論がなおざりにされている。
プランをしっかり練れば、問題はまず起きない、
という意識が支配的なのだ。
計画を立案するポイントは、
「実施上の問題はなにか、その対策は」と問い続けることである。

1 対策はアクション・プラン

P市の青少年非行対策委員会

「わが街の青少年非行は悪化の一途をたどっています。そこで、今日はお忙しいところみなさんにお集まりいただいて、P市青少年非行対策委員会の第一回会合を開かせていただいた次第です」

市長のN氏があいさつを始めました。ここP市では近年、青少年の非行問題に悩まされています。一八歳以下の少年が傷害事件や強盗事件など悪質な犯罪で検挙されるケースも増えているほか、市街では深夜から明け方まで大音響で音楽を鳴らし、付近の住民からの苦情が続出しています。路上でのけんか騒ぎで警察が出動することも週に数回はあります。市内の学校では無断でさぼる生徒が数多くいるほか、飲酒・喫煙といった問題にも悩まされています。

「みなさんには、いかにすればわがP市の若者たちの将来を守れるのか、その対策を具体的に考案してもらいたいと思います。効果がありそうな計画については、市が全面的にバックアップしていく所存です。青少年の健全な育成を推進するというのは私の選挙公約でもあります」

「よろしいでしょうか、市長」

P市の有力者でもあるS氏が発言を求めました。彼は、市でいちばん大きな工務店を経営する市議会議員で、剣道の道場主でもあります。

「立派な精神は健康な肉体に宿ると思います。青少年の健全な育成にはスポーツ振興がいちばんです。その証拠に、私の道場で稽古《けいこ》に励む少年たちはみな真面目で、非行グループに属するような者はおりません。たとえば、市が主催者となってスポーツ大会を開くのはいかがでしょうか」

「いまの生徒たちは、ふつうに開いてもなかなか参加したりしないと思いますよ。現金ですからね、なにか喜ぶような商品を用意でもしないと」

市の中学校の校長が提案をします。さらに続けます。

「スポーツ大会も開いたらよいとは思いますが、保護者にも意識を高めてもらわないといけないでしょう。最近は体育祭にみえる親御さんも減っていて、寂しい思いをしているんですよ。たとえば、保護者の人たちに順番に夜間の繁華街をパトロールしてもらう、なんてのはどうでしょうか」

「いやいや、そういうのは対症療法だと思いますよ。それに親から反発をくらう可能性がある。元凶をなんとかしないと。街中心の〇〇。不良どもの溜まり場になっているんですよ。あそこを潰《つぶ》しちゃえばいい。理由なんかなんとでもなるんですから」

「そんなことできるわけないでしょう」

「まずは現実的な案を考えていかないといけませんね。繁華街に横断幕をつけるのは、どうでしょうか。大人たちの決意を表すという意味で。小さなこと、できることからやっていくのがよいと思います」

「そうですねえ。すぐにできることといったら、それくらいですかなあ」

「スポーツ大会はやらんのですか？」

「それもやりますか。競技はどうしますかね。やっぱりSさん発案だから剣道とか」

「うちの道場の子供たちが優勝をいただきでしょうな。まあ、実際にはだれでも参加できるソフトボールやサッカーにするのが現実的でよいのではないですか。大丈夫、子供が喜ぶような商品は私が用意しましょう。それはそれとして、横断幕はどうしますか」

「文言は、『青少年健全育成都市宣言　守ろう子供　P市の約束』というのはどうでしょう。横断幕だけではアピール度が低いので、市役所に看板も設置しませんか」

「それ、いいアイデアだ」

とりあえずの対策と本質的改善の対策

⑧対策にはお金と時間がかかります。

なんのためにするのか、その目的がはっきりしなければムダなことばかりです。P市の対策を見る限り、青少年の非行が少なくなる期待はあまりもてません。前章では原因をきちんと分析しない失敗について考えましたが、実はこのP市の対策委員会のように原因も考えずに実施される対策を私たちはしばしば目にします。

知恵者ならどうするか。まず現状を十分に把握するため、いまなにが起きているのかしっかりと分析するでしょう。この事例であれば、いつ、どこで、だれが、どんな非行を起こしているのか。具体的な事件や騒ぎの数々について、発生している時間帯、特定の場所、起こしているグループの人間関係などもつぶさに観察し実態を明らかにしていくはずです。そして、過去に起きた事件の特徴も明確にしていくことでしょう。

さらに、多様なレベルにおける原因を分析していきます。

どうして「そこ」で起きるのか、どうして「彼ら」が起こすのか、どうして「その時間」に起きるのか――。目に見える原因から、目に見えないものまで可能性が考えられるものはすべて挙げ、分析していきます。すると、いくつかの特徴と原因らしきものが見えてきます。

つぎに対策を立てていきます。

知恵者は、目に見える対策を打ったからといって、ある日突然に非行がなくなるはずがないと知っています。ならば、現状をなるべく緩和させたり、悪化させない対策を考えます。

たとえば、傷害事件やけんか騒ぎなどが多発する時間帯のパトロール強化を、また警戒する重点地区の見直しを警察に依頼する、現在は問題のない生徒の悪化を避けるため夜間外出をしないよう中学校に厳しく指導を求める、などがあるでしょう。これらは「暫定《ざんてい》対策」と呼びます。

暫定対策だけでは不十分なので、なぜ青少年の非行が増えているのかを分析し、その原因を除去するための対策を考えます。

各中学校におけるメンタル・ケアを強化するため専門家を派遣する、かつて非行にはしっていた人に本音で語れる相談員になってくれるよう依頼する、小学校でもメンタル・ケアを実施し、早期に非行の芽を摘む努力をするなどがありました。

いずれにしろ、自治体や学校の対策だけではいかんともしがたいところがあるので、非常に難しい問題ですが、それでもなんとか有効な対策を考えようと知恵を絞っていきます。

除去できない原因

しかし、ここで頭の痛い原因が目にとまります。地区の中心街に青少年を誘惑するような商業施設が多く存在する、地方経済の低迷に伴って治安に悪影響を与えている、一部の保護者に青少年非行に関心がない層がある、などです。

これらの原因は根本的に除去しづらいものです。たとえばひとりの委員が「街中心の〇〇。不良どもの溜まり場になっているんですよ。あそこを潰しちゃえばいい」と発言していますが、無理な話です。繁華街がまずいからなくしてしまえ、などできるはずもありません。地方経済の低迷も間接的な原因だから、公共投資や企業誘致を積極的に行って活性化しようというのも、非行問題とは直接関係のない経済政策です。しかもその効果のほどは明らかでありません。さらに一部保護者の価値観に訴えかけるキャンペーンにも努力が必要でしょうが、あまり期待できないのは、いかんともしがたい面があります。

このように除去できない原因にいかに適応していくか、という対策も非常に大切です。しばしば私たちが間違えるのは、ピントはずれな原因を定めて、実行できない対策を立てるという場合に加え、除去できない原因を除去する議論をすすめてしまうケースです。いわゆる空理空論です。当然、そこで停滞します。これでは問題解決になりません。

先にいくつか非行対策を挙げてみましたが、これは除去できない原因を認識しながら、その状態にいかに適応して影響を最小限に抑えるか、という意味で「適応的対策」といいます。

適応的対策は、以前の問題解決思考では解決できない領域でした。いずれも、原因を明確にしてそれを除去すべしという外科的手術を主張するからです。それよりは外科的に除外できない問題とは内科的に付き合っていこうという考え方です。

この主張をすると、ときに後ろ向きすぎないかという批判を浴びることもありますが、できないものは、なんと言われてもできません。

排気ガスが地球環境に悪影響を与える。ならばガソリンを使用する車は排して、すべて電気自動車にしろ、と立案しても無理な話です。

最近では、環境や災害など問題に適応しながら影響を最小化しなければいけないと認識されるようになってきました。

「原因」を除去できないケースのことを、問題をマネージする状況ということで、マネージング・プロブレム・シチュエーションと呼んでいます。このマネージという言葉は、直訳すると「管理」となるのでしょうが、私の考えるイメージとはうまく合致しません。さまざまな状況を認識しながらうまく経営するという意味で、オーケストラの指揮のようなイメージと考えればよいでしょうか。

とにかく、目の前で起きている問題についての対策は、現状把握をして、原因分析を広範に行うというプロセスを踏み、暫定対策、原因除去対策をしっかり策定するということを頭に入れておいてください。除去できない原因を含め、リスクに対応するための予防対策については、後ほど詳しく説明したいと思います。

思考の道具⑧——対策

- なんのために「対策」を講じるのか目的をはっきりさせる
- 対策には、暫定対策と原因除去対策がある
- 原因除去対策が非現実的な場合は適応的対策もありうる

2 危機をチャンスに変える思考の抽象化作業

プジョーが自動車メーカーになったわけ

フランスにプジョーという会社があります。ライオンのマークで有名な自動車メーカーです。

プジョーは、一九世紀の初頭にスチール工業製品を生産し始めたのがスタートといいます。製品にはペッパーミルやコーヒーミル、ミシンなどがあって、品質の高さが人気を博したようです。そして、プジョーはその技術力を活かして自転車の製造を始めます。一九世紀後半のことです。

自転車生産の開始直後には当時の経営者が自動車の存在を知り、その大いなる可能性に夢を見出しました。そして、すぐに生産に乗り出したからこそ、世界的自動車メーカー、プジョーがあるとのことです。

もし、プジョーの経営者が、「ペッパーミルの製造技術をきわめる。それ以外のことには手を出さない」、もしくは「こつこつと世界一の自転車をつくることだけが、我々に課せられた使命だ」と考えたなら、プジョーという会社は現在まで残ることはなかったかもしれません。

もちろん、自分がやるべきことを正しく知ったうえで、その道をきわめるという態度も、尊重すべきでしょう。なにもかもが成長、成長というのでは息が詰まってしまいます。世間を唸《うな》らせる職人の技も価値の高いものです。

一方で、目指す方向性が違う場合は、どういう考え方をしていけばよいのでしょうか。

思考の道具の九番目は⑨**決定事項**です。

ありていにいえば、現在、自分がなにについて意思決定をしているのかを明快に認識・把握することです。

これまでは、大きな問題を分離・分解して、なるべく小さな部分へと「バラして下げる」ことを考えてきましたが、それだけでは不十分です。

ここでは、発想の上位展開を考えようと思います。つまり決定事項を上げる、という行為について考えてみます。

おそらく、当時のプジョーの経営者は、自らの会社の業務についての発想を転換してい

個室からは建物全体が見えない

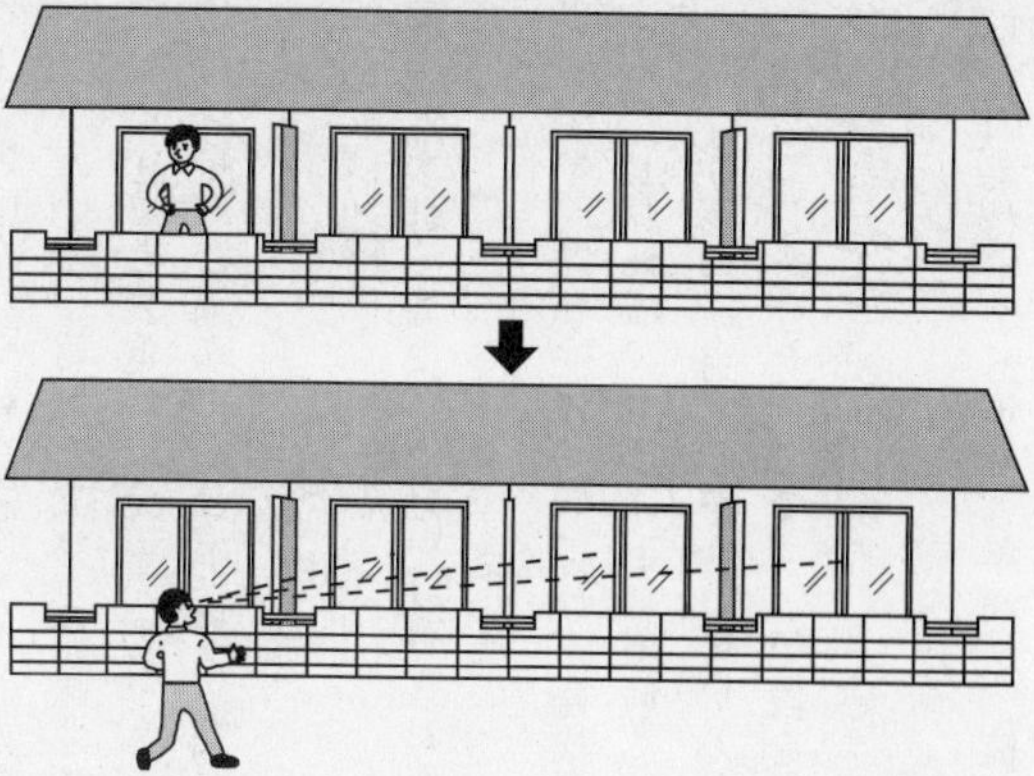

ると思われます。
まずは金属を加工、成型する技術を活かして新たな顧客ニーズに対応すること。それが自転車製造だったのでしょう。
さらに、「我々は自転車をつくる会社」という発想にとどまらず、「金属加工が得意で、人間の輸送手段を提供する会社」と発想を転換し、自らの会社の使命を読み替えれば、これから人間の輸送手段として大いに発展する可能性のある自動車製造に乗り出してみようか、という決断につながっていくのです。
これまでの思考の道具は、ものごとをなるべく細分化し、具体的に考える方向に使用するものでした。ただし、人間の他の動物にたいする強みとは、抽象的思考ができるということです。決定事項という道具は、目の前の「具体的」世界だけで考えずに、抽象化してみて考えるというプロセスです。

前ページの図を見ていただければわかるように、人間は複数の選択肢のうち、ひとつの作業に身を置いていると、全体を俯瞰する目を失います。現状を離れる勇気がなかなか持てずにずるずると衰退の道を歩んだりもします。火に掛けられた鍋から飛び出せず、茹《ゆ》でられてしまったカエルのたとえ話としてよく知られています。

階段は下りるためだけには存在しない

意思決定や問題解決においては、階段を下りるだけではなく、上がる勇気がなければなりません。上がれば、つぎに下りていく「日常」が見えるからです。茹でガエルの話をしましたが、今度は、自分の置かれている状況も考えずにとんでもない方向に飛んでいって事故にあってしまうケースです。階段を〝上がる〟というプロセスを踏まずに他の部屋に飛び移ろうとします。

「うちも創業わずか五年で、年商一〇億円か。ここまで順調に成長してきたけど、さすがに伸び悩んでいるよな」

「そうでもないですよ。階段には必ず踊り場があるのと同様です。ストリート限定だったファッションブランドをここまで成長させたのは、社長のセンスのおかげだと思っています」

「でも、これ以上はなかなか伸びる見込みないよね」

「アパレルだけでなく、ファッション小物やブランドを活かした文具にまで手を広げて、地道ながらも順調に売り伸ばしています。こちらに力を入れて流通ルートを開拓していけば、成長のエンジンになるでしょう」

「なに難しいこと言ってるのよ。それって手間と時間がかかるじゃん。待ってられないよ。人生は短いんだから、勝負するときは勝負しないと」

「勝負とおっしゃいますと……」

「目玉焼き丼チェーンっていうの、考えてるんだよね。幸いキャッシュフローは余裕あるでしょ。最初は数店舗から地道に始めて、広げていくわけ。うちのブランドを全面に出してやったら意外性があるからメディアも飛びつくと思うよ」

「最初はそうでしょうが、あまりに畑違いすぎませんか」

「大丈夫だよ。俺、好きだもの。目玉焼き丼。それにないでしょ、目玉焼き丼のチェーンって。服が好きで好きで始めたブランドをここまで育てられたんだから、心配ないと思うよ。変わらないくらい好きだから。服と目玉焼き丼」

「どうでしょう……」

うまくいきすぎると周囲が見えなくなるものです。

創業経営者に往々にして見られるのですが、自らがゼロから始めて成功したため、なにをやっても大きなビジネスに成長させられるのではないかという思い上がりや慢心に陥ることがあります。

ファッションブランドが目玉焼き丼チェーンというのは、共通する価値があまりにも少ないようです。優秀な参謀役がついていて、それをとどめる場合もあるのでしょうが、たんなる保守的思考、現状維持志向と捉えて煙たく感じられることもあります。

だからといって、新しいことに手を出すなと言っているわけではありません。

二〇〇三年の一二月に、ホンダが自社製エンジンを搭載した小型ジェット機「ホンダジェット」を開発し、飛行実験を開始したと発表しました。

飛行機は創業者の本田宗一郎氏がいまから四〇年以上前に将来の飛行機事業への参入を宣言していたといいますから、宿願が現実のものとなりつつあるということでしょう。これは、よいチャレンジだと思います。

どのレベルのどういう事項を決めているか

現在は戦略思考が必要な時代です。

戦略思考は決定事項のレベルを上げることだと思います。目玉焼き丼チェーンに進出をもくろむ社長のケースは、いま自分が顧客にどんな価値を提供しているのか、その強みはなにかを完全に見失っているように思えます。そこに戦略性は見出せません。

一方、ホンダは自動車やオートバイで成功している企業です。「人間の移動手段」を製造することによって世界的名声を獲得しています。飛行機も自動車やオートバイと同じく、人間の移動手段です。

その点では、自転車をつくっていたプジョーが自動車産業に乗り出したのと似ている点が多いのです。これが決定事項の次元を上げるということです。

もちろん、ホンダが飛行機製造に進出したからといって成功するかどうかはわかりません。ただし、万が一失敗したとしても、自動車をつくる、という本業にとって飛行機開発のためのアイデアや苦労、技術が得がたい財産として蓄積され、相乗効果を生むことが期待できるのです。

ファッションブランドが目玉焼き丼チェーンに失敗をして失い、そして獲得するものと比べると大きな違いがあります。

決定事項とは、現在、自分たちがどんな意思決定や問題解決をしているのか正しく把握することですが、そこからひとつ上の段階に上がって自らの強みや価値をときに再認識するのが重要です。

思考の道具⑨——決定事項

- いま、自分（組織）がなにを決定しようとしているのか明確に表現する
- 状況をバラして階段を下りるだけでなく、上がって俯瞰する視線も重要
- 戦略的発想には決定の次元を上げて考えることも必要

3 解決のメニューを複数化する技術

意外に新しい選択肢という考え方

とにかく⑩選択肢は複数にしなければなりません。でないと、思考の広がりが限られてしまいます。

選択肢とはなんでしょうか。問題が起こり、現状把握や原因の究明分析がすんで対策を立案する段階にいたったとき、ひとつの対策に固執せず、いくつかの案を考案していくことです。

なにか新しい行動をするときに、なにをするか、どのようにするかなど、それぞれの段階で、ひとつのアイデアにとらわれることなく、複数の行動案を選択肢として設定していくことです。

日ごろの意思決定や問題解決に複数の選択肢を導入するのは、日本ではそう古いアイデアではありません。英語でいえばalternativeとなり、日本に比べればだいぶ以前から普及していた考え方です。

私の見立てでは、この国で広がってきたのは、米国系のコンサルタント会社の思想が媒介となったここ一五年ほどでしょうか。

複数選択肢が導入される以前の問題解決や意思決定では、対策や方針、方策や手段について単数思考が当たり前のように行われていました。

責任者が「暗算思考」で、つまりどのようなプロセスでその考えにいきついたのかを明らかにしないままひとつのアイデアを提示しました。それにたいして「賛成か、反対か」「できるのか、できないのか」「やるのか、やらないのか」など二者択一的発想であたることが多かったのです（もちろん、すべてではありませんが）。

そして、ひとつの決断を実行してダメだったらつぎのアイデア、それがダメだったらまた新しいアイデアと、失敗を繰り返す手法をとってきました。

これでは、正解にいたるスピードと精度が低くなります。自然科学の世界ではトライ・アンド・エラーという言葉があって、アイデアを試してはつぎ、試してはつぎという実験のプロセスを踏んで真理に近づくという方法もあります。

トライ・アンド・エラーはただの単数思考、二者択一思考、暗算思考とは内容が異なります。この場合のトライは、理論上の可能性を突きつめて考え、これ以上は試してみなければわからない、という段階になって初めて実験に移行します。「当たって砕けろ」ともいわれますが、論理的裏づけなく「当たって」は、砕ける危険性が高まります。

だから、アイデアや対策が浮かんで「これだ！」と思っても、そこで止まらないことです。⑦原因の検証でも、「これだ！」という原因を思いついても、そこで止まらずに、むしろ疑うべきと考えました。同じことです。いつも「他にもっとよい選択肢がつくれるはずだ」と考えて、アイデアを出し続けなければなりません。

投票率の低下にどう対応するか

Ａ国では、若者の政治離れに悩んでいます。過去に行われた国会の投票率は五〇パーセントをやっと超えた程度で、二〇代、三〇代の若者に限っては三〇パーセントを割り込んでいました。この国の将来を託す人々が選挙に行かないのでは話になりません。そこで、この国の政治家たちは選挙を統括する役人たちに、なんとかするように指示をしました。

「若者に投票してもらうような対策を考えねばいかん」

「面白いデータが出ています。投票日の設定はほとんど日曜日なのですが、若者は休日に、なにをして過ごしていると思いますか」

「遊びに行ってるんじゃないのか」

「そうなんですよ。この前の選挙で投票に行かなかった二〇代、三〇代の若者のうち、じつに八三パーセントが、当日は朝から外出していたと調査では答えているんです」

「そうか、そこに解決のヒントが隠されているかもしれないな。たしかに天気のよい日曜日には出かけたくなるのも仕方がないな」

「ええ、そうなんです。そして、投票締め切りの時間が延長になればそのうちの五割超の人々が投票に行くだろうとも答えています」

「それだな。投票時間延長だ」

「わかりました。早速、具体的に考えます」

A国における投票率の低下は、メディアでは、腐敗し自らの目先の利益ばかりを追う政治家があまりにも多すぎるので、国民が政治にたいして関心を失っているという論調です。たしかにそういう見方もあるでしょうが、なにか本末転倒にも思えます。

民主主義国家において、プロの政治家の役割は非常に大きく重要です。その政治家たちが腐敗してだらしないと思うのなら、主権者である国民がノーを突きつけなければなりません。それもせず投票に行かないのは、A国の有権者自身が豊かな現状に慣れきって危機意識が希薄だからでしょう。投票率の向上を目指しても、制度的な対策で解決する類のものではないと思います。

それはともかく、なんらかの手を打ちたいという気持ちはわかります。それにしても、このプロセスには原因の分析はもとより、対策の立案決定まで甘いところが多いように見えます。

その結果、投票時間の延長をしても効果はあまり上がらないかもしれません。投票率の低下をもたらした原因のうち、危機意識の少ない国民など、「除去しづらい原因」を除いても、他にいろいろな理由が考えられるのではないでしょうか。

また、この項で考えている、選択肢の設定という面からも対策の立案の仕方に工夫がなさすぎるように思えます。原因が特定されたとしても、そこからすぐにひとつの対策を立ててよしとするのではなく、さまざまな条件から複数の案を考える必要があるでしょう。

では、その選択肢をつくる際には、どのようなポイントに気をつけなければならないのでしょうか。

満たすべき条件、制約を受ける条件

いろいろな組織でブレインストーミングという形式の創造的な会議が開かれます。なんの制約も受けずに、参加するメンバーたちが思い思いのアイデアを述べ合います。質より量を重視し、どんどんと案を出し合い、他人の発言にたいして批判をしないというのも約束事となっています。一九四〇年代ごろにアメリカの広告代理店で、アレックス・オズボーンという人が始めたといわれています。

複数の選択肢をつくり出していく際には、このブレインストーミング法（ブレストとも呼ばれます）を用いるのも有効かもしれません。とにかく批判をされないというのは、アイデアを出すうえで心理的負担を小さくする効果があるからです。

ただし、アイデアを出すといっても、個別の案件を構築する以前にやはりいくつかの条件を考案し、それを満足させるような約束はなされてしかるべきです。それは満たすべき条件と制約条件の二つです。

満たすべき条件

NGO組織がホームページを立ち上げようと考えています。

- 組織の理念や使命を十分に伝達
- 最近の活動を正しく報告
- 簡単な組織構成を表示
- イベントの告知ページ
- 募集告知のページ
- 英語ページ

制約となる条件

- 予算は○○万円以内
- ○月までに完成、開設
- 使用するデータ容量は○○以内

などの条件にたいする合意を取りつけたうえで選択肢をつくっていったほうが、はるかに効率がよくなります。ただし、自分たちで定めた条件にあまりに縛られすぎて、自由な発想ができなくなる、というのでは困りますから、それが心配な場合は必要最低限の条件に絞り込むのも手です。

すでに選択肢が提示されているような場合。たとえば、工場で使用する装置の購入を検討していて、候補がA社、B社、C社、D社、E社しかない、という場合。もちろん選択肢をつくる必要はありません。先に説明した④判断基準の道具を使って意思決定をすればよいわけです。

また、すでに選択肢を与えられてその中から、修正を加えたうえで選ぶという場合もあります。その際には修正案をつくるというプロセスもあります。これも自ら選択肢をつくるのと同じプロセスであたればよいでしょう。

思考の道具⑩——選択肢

- 解決策を考案する際も複眼思考を大切にする
- 期待成果や制約条件をふまえて立案する
- 立案に先立ち、原因分析が必要な場合もある

4 ポジティブに行動するためのネガティブ思考

「後ろ向きの議論をするな」という後ろ向き

日本人は二つの理由から⑪マイナス要因を考えたがらないようです。

まず、非科学的ではありますが、言霊《ことだま》の思想とでも呼べばよいでしょうか。「みんなが一生懸命にプラスの話をして、前向きな分析をし行動しようとしているのに、そんな後ろ向きな議論はするな」という思い込みです。マイナスの話をすると、実際に起こってしまうのではないかという根拠のない不安。

もうひとつは議論を組み立てる習慣がないために、建設的な議論の一環としてマイナス要因を話しても、しばしば感情的な批判としてとられてしまうこと。そのために、マイナス要因に考えが及んだ人も、「せっかくの意見に感情的な批判をして封じ込めようというのか」という感情的な批判を受けることを恐れて口を閉ざしてしまいます。

いずれにしても不幸です。

これまでさまざまな思考の道具を見てきて、傾向をつかまれていることと思いますが、私が提案している論理的な思考技術の基本は、思い込みと決めつけの排除です。⑩選択肢でいろいろと創造性あふれるアイデアが出されます。人はアイデアを出す際は基本的にプラス思考です。このこと自体は素晴らしい。

しかし、いざ複数の選択肢からひとつを選び出す際にプラス面ばかり見ていては危険ではないでしょうか。

私はよくテレビで政治対談番組を見ます。しばしば、議論の内容にイラだちを覚えます。多人数が一堂に会し、それぞれ好き勝手に話し、かつ司会者も時間の管理や番組の盛り上がりばかりを考えるので、議論が一向に収束していかないからです。さらに、さまざまな立場の人が登場し、自らが推進しようとする政策のプラス面をアピールするのですが、限定された場合を除いてその政策がもたらすマイナス要因を語ろうとしない。本当に自分の言っていることを信用してもらいたいのなら、人間は正直にならなければいけません。

マイナス要因を挙げ、それについても対策を考えて初めてアイデアを採用することができます。

「そんなに後ろ向きな話ばかりすると、本当になるじゃないか」と言って議論を封じようとする人はむしろ後ろ向きです。マイナス要因をきちんと検討せずにアイデアや対策を採用した場合、現場で実行にあたる人は「大丈夫だ、成功すると思えば成功する、なんて根拠もなく言っていたけれど……」という不安にさいなまれるでしょう（不安に思わないようでは、むしろ危険です）。不安なときほど思い切った行動を抑制してしまいます。

「このアイデアを採用した場合には、こうしたマイナスがあります。それでもそのマイナスを上回るプラス要因があるから実行するのです。マイナス面への対処も考案してあります」という確信があったほうが、よほど人はプラス思考で動けることでしょう。

批判とマイナス要因分析を混同しない

もうひとつ。感情的な批判ととられることを恐れてマイナス要因を口にできないケース。どんなに論理的で科学的であっても、自分が出した意見にたいして思いもよらないマイナス要因が寄せられると不快に感じます。人間の感情です。

論理的な思考技術とはやや趣を異にしますが、口のきき方にも気をつけなければなりません。会議などでよく目にする光景です。だれかが独創的だと確信してアイデアを口にしました。そのアイデアの論理の小さな小さな穴を見つけて、鬼の首でもとったように、得意げに、ときには攻撃的にそのことを指摘する人がいます。ねらいがわかりません。

あえて推測すれば、だれも気がつかなかった穴を見つけた自分は「頭のよい人間だ」と周囲にアピールでもしたいのでしょうか。アラ探しは得意だけれども創造性に乏しく、アイデア豊富な人に嫉妬《しっと》しているのでは、という人も見かけます。いずれにしろ浅はかでしょう。

他人は自分で思うほどに、自分にたいして興味をもってはいません。無意識のうちに自らの論理性や知的優位性をひけらかそうとして得意になったところで、第三者は「あの人、怖いな」「いやな感じだな」というくらいにしか感じていないものです。せっかくマイナス要因に思いいたったのであれば、そのマイナスが本質的かどうかをまず考えるべきです。もし「本質的だ」と確信したら、相手の感情を逆なでしないように気を遣って指摘する必要があります。このあたり、もう少しドライに議論が進められればだいぶ楽なのでしょうが、日本にはそういうバックグラウンドがいまのところないので、仕方がありません。

一方で、指摘してもらう立場の人も、無根拠で感情的な批判と、建設的で論理的なマイナス要因とを混同せずに謙虚に受け止めなければならないでしょう。両者を区別する指針は、発言している相手に悪意があるのか、自己アピールなのか、心の底から聞いてもらおうとしているのかを見きわめることです。これは口調や態度で察することができると思います。論理的な思考技術を説明する本としてはあまり論理的でない判断の仕方で申し訳ありません。

いずれにしろ日本社会のメンタリティでは、ネガティブな発言を気持ちよく受け止めるといっても、ストレスはかなり強いと思われます。なかには、親切心から指摘されたマイナス要因も、まったくの見当違いだったりピントはずれの場合もあるでしょう。それでも、マイナス要因をみんなが口にしてくれなくなれば、失敗へとつながりやすくなります。これだけはしっかり認識しないといけません。

行き詰まりを打破するPとSの思考

マイナス要因を考える際には、PとSという二つのアルファベットを使うとつぎのステップに踏み込みやすくなります。

Pとは probability（発生確率）、Sとは seriousness（重大さ）です。この考え方は次章で説明するリスク分析にも大いに関係する考え方です。

たとえば、遊園地に新しいアトラクションを導入しようとします。みんなからアイデアを募集したところ、A案、B案、C案、D案、E案と五つの提案がなされました。プラス要因は提案者が存分に語ってくれています。つぎにマイナス要因です。他のアトラクションへの悪影響やメンテナンス・フィーの高さなどいろいろ考えられますが、ここでは便宜的に安全性に絞って考えてみます。

まず、各アトラクションで想定される事故にはどのようなものがあるかとその発生確率について検証します。これがPです。つぎに、各アトラクションで事故が発生した場合、その深刻さにどのような差異があるのか。これがSです。確率と重大さなど、数字の裏づけをとった指摘であれば、冷静に議論がすすめられるでしょう。

こうしてプラスの側面、マイナスの側面を複合的に勘案しながら、複数の選択肢から最適なものを選び出すというのが本章のテーマの主題です。

本章では、問題解決や意思決定の現場で、どのように複数の選択肢を立て、論理的な議論をし、最適な判断に結びつけるかを考えました。ここで説明したようなやり方を実行すれば、なにもプロセスのない場合に比べると、格段に判断の精度とスピードが向上するはずです。

ただし、つぎに挙げる点には注意しなくてはなりません。問題解決ではかなりの部分、思考プロセスによって効果を上げられると推察されますが、意思決定では完全には通用しない部分もあるでしょう。感性やセンスと呼ばれる領域にかんする判断です。

センスや感性を〝決める〟論理

たとえば、ある会社が新商品を開発する際、製品デザインを決めなければなりません。売り出す際に広告も打つということになれば、効果的な宣伝文句などを考案する必要もあるでしょう。この際、製品デザインや宣伝文句について複数思考を用いてアイデアを発散させるのは大いに有効だと思います。ただし最後の決断となると、「論理」でどうなるものでもありません。

問題やトラブルであれば、発生傾向などから、「以前、同じような状況で発生したから、今回も同じかもしれない」などの判断ができます。

ところがデザインなど感性やセンスが必要なテーマとなると、「前回は赤が売れたから、今回も赤が売れるだろう」とは断言できません。二番煎《せん》じは飽きられているかもしれません。しかも難しいのが、「二番煎じは飽きられるから、では青色に」とも言えないところです。ユーザーの「期待」に背いているかもしれないのですから。論理での分析は不可能です。マーケティング調査やユーザーにお願いしてのテストなども、傾向はつかめるかもしれませんが、完全に依存できるものではないでしょう。

となると、感性やセンスにまつわる案件は、だれかが「決め」なければならないのです。組織によっては、責任者やリーダーが決める例も多々あるようです。これはこれでひとつのやり方だと思います。

ただし、センスにすぐれているとはいえない人が責任者やリーダーになった場合、その人がすべてを決めてしまうのは明らかに危険でしょう。感性やセンスにまつわる案件について論理的思考技術は関与しづらいと書きました。ただし、より実効性を高める方法は二つあります。

まずは分散です。

決定権を多くの人に持たせる方法。合議制ではありません。みなが納得するアイデアはただの「無難」で創造性が低いことが多いうえ、成功体験、失敗体験に縛られる傾向が強く、大きな成果は期待しづらい。株式の世界でも、ひとつの銘柄に集中投資する危険を認識し、多くの銘柄に投資を分散させることによって安定した成果を目指す手法があります。同様に、組織全体にかかわる大きな案件はリーダーが責任をもって「決定」するべきでしょうが、日常業務の延長にあり、かつ創造性を働かせるテーマであれば、各メンバーに「決める」権限を与えたほうが効果的な場合もあるでしょう。

つぎに、成功率の高いメンバーにアイデアを決めてもらう方法もあります。論理的思考技術は定量的な分析を重んじます。だから感性やセンスは扱えません。それならば、直近に成功する経験が豊富だった人に任せるのが、間接的ではありますが成功の確率を高める「決定」となります。創造性に重きを置く人は、本心では、センスにまつわる部分はなにからなにまで自分で決めたい傾向があります。たとえ上の立場の人間からであっても、口を出されると、それだけでモチベーションを著しく落とすのです。

リーダーは、自分で「決める」ことに快感を覚えがちです。そのため、多くのメンバーたちに自分の「感覚」を押しつけ、モラールを低下させています。するとメンバーは「働いている」という実感を失って、「働かされている」という虚しさばかりがつのります。

この指摘をされると「まだまだメンバーは未熟だ」というのが決まり文句です。たしかに、自分の頭で考えられないメンバーはいるでしょうが、そのレベルだけを考えていては、自ら考え創造性を発揮したいメンバーのやる気も殺いでしまいます。

メンバーのやる気が失われた組織は当然、沈滞し、うまく機能しなくなります。すると、「決める」ことに快感を覚えるリーダーに限って、ひとりよがりな「対策」をメンバーに押しつけ、さらに自分の「感覚」を絶対化させるので、ますますメンバーは冷めていきます。

もし自分でなにもかも「決め」、結果がついてこないなら、自分の感覚が悪かった、古かった、メンバーの気持ちがわかっていなかったという危機意識を持ち、従来のやり方を変えてみるのが合理的ではないでしょうか。まあ、それ（自省）ができるマネジャーなら、もともとメンバーのやる気くらい引き出せるのでしょうが。

少し前、権限の分散というテーマがもてはやされました。しかし分散されたのは権限ではなく責任ばかりで、結局、実効がありませんでした。その反省をふまえて、今度は創造性の分散の論理を考えるべきときにあります。

思考の道具⑪——マイナス要因

- 意思決定する場合に、選択肢それぞれの負の部分を正しく認識する
- 論理的な指摘と感情的な指摘を混同しない
- マイナス要因それぞれの発生確率、重大性を判断して意思決定する

第6章

リスクと正しく向きあう

リスクは直視しなければならない。
人間は、行動しても、しなくても、
リスクを伴う「領域」から逃れることはできないからである。
それならば、無限のリスクの「重大領域」を論理的に把握し、
実効性の高い対策をとる。
すると、だれもが前向きに行動できるのだ。

1 問題はいつ、どこで起きがちなのか

なぜ、フグは食べられるのか

人間が生きていく限り、なにがしかのリスクを引き受けなければなりません。どんなささいな行動にも、さらに言えば、なんら行動を起こさなくてもリスクがゼロという状態はまったくないからです。

だれもがそのことを強く意識しているから、多くの人は自分に降りかかるリスクをなるべく避けたいと思います。もちろん人によっては、人生、一発勝負に出るときは、大きな危険を冒してでも大胆なアクションをしなければ、という局面もあるでしょう。ただし、常に大きなリスクを負って勝負を続けるのはただのギャンブラーなので、いつかは大きな失敗をしそうです。さらに回避できるリスク、成果に結びつかないリスクまで引き受けて

いては心と体がもちません。私たちはリスクを最小化して効果や成果を最大化させることを考えています。

極端な例ですが、フグを食べるのだって同じことです。「危険な部位は解明されてないけど、とにかく美味しいよ」と勧められたところで、よほど無鉄砲者でもない限り口にする人は皆無でしょう。危険な部位を知って、それを絶対に口にしない対策(調理法)が確立されているから安心して食べることができるのです。

日々、私たちが向き合うリスクについても、正しく把握し、しかるべき対策をとっていれば、安心して前向きな行動がとれるわけです。

しかし、日本人はリスクの議論が苦手です。⑪マイナス要因で説明したのと同様の理由、「後ろ向きの話をして現実になったらどうする」という感覚と「人が前向きになって努力しているのに、水を差すようなことを言うな」というメンタリティです。

また逆に、本章の主たるテーマのように、すでに行動することが決まっている状況でも、「こんなプランは成功するのは難しい。そちらがやるというから仕方なく付き合う」「トラブルが起こる確率が非常に高いと思われるが、そちらが協力を要請したので全力をつくす」のように、過剰(無根拠)にリスクをアピールして「組織内リスク」を軽減させようとするケースもあります。

いずれにしても、本来の意味でのリスクにかんする議論がなされないのでは、いざというときに大いに困窮してしまいます。リスクについて考えを深める必要がありそうです。

注意すべき点は、どこか

リスクの分析と対策が重要であるという点は理解できました。しかし、やたらとリスクを恐れていては前にすすめなくなります。その点を考えるための思考の道具が用意されています。⑫**重大領域**です。

なにもかもがリスクにさらされているとはいっても、メリハリがないわけではありません。「この局面はきわめて危険だ」「製品でも、この部分が故障しやすい」など、気をつけるべきポイントは必ずあります。

草原を二キロメートル歩くハイキング・コースの途中、短いながらも一本木でできた丸太橋を渡る必要があると聞けば、だれでも「そこは危険だから気をつけなければいけないな」と思うでしょう。

思考の道具における重大領域は、私たちの日々の活動のうち、どこで丸太橋を渡らなければいけないかを探し出し、注意を振り向け、重点的に対策を考案しリスクに備えるためのプロセスです。

ハイキングの行程すべてについて「熊が出るかもしれない」「道に迷うかもしれない」

「雨が降るかもしれない」「毒蛇に襲われるかもしれない」「転ぶかもしれない」と過剰な心配をしていては出かけることができません。しかも、遭遇する確率の低い熊や毒蛇に気をとられて、丸太橋に注意がいかなくなり、落ちてケガをしたというのでは困ります。

自動車の運転と会社の合併

私は、この「丸太橋」を指して重大領域（クリティカル・エリア）と呼んでいます。クリティカル・エリアは物理的な「場所」「時間」だけを指すのではありません。状況なども指します。その点には気をつけていただきたいと思います。

重大領域についてわかりやすい例を挙げれば、自動車の運転をする際の高速道路合流時、高速道路走行中、見通しの悪い道路に進入するときなど、リスクが高く慎重になるべきポイントがあるでしょう。さらに、「丸太橋」や「自動車の運転」のように、「トラブル」に直結するような、一見してわかるケースでなくても、重大領域を意識してリスク対策をしなければならない場合があります。「問題」が起きやすい重大領域です。

決定された対策やアイデアを実行に移すとき、さらに日常業務であっても問題が起きやすい領域というのはあります。この場合、時間的な「部分」も考えますが、活動としての「部分」も念頭に置いておくのです。

たとえばある業界で、二つの企業が合併することになりました。問題やトラブルが発生しやすい状況——重大領域を考えてみましょう。

まず、いつ問題やトラブルが発生しやすいのか、その時期や期間を推定します。

重大領域はいつか

- 合併を発表する前後
- 新会社の設立準備期間
- 合併、新会社発足から六カ月

これを見れば、なにか新しい行動をとる場合、非常に大きなリスクを負うことが理解できます。

合併発表前後では、担当官庁から横ヤリが入る可能性だってあります。新聞スクープによって不協和音が起き、結果として合併解消のようなケースも考えられます。設立準備段階では、新しい会社の組織編成に手間取るなどの問題も考えられます。さらに合併直後では、組織の機能不全、社名が浸透していないことによる顧客の混乱なども考えられます。

これら、特定の期間に起こりうる具体的な現象（リスク）に備えるのです。

さらに時期的な問題に加え、合併に伴う活動そのものも重大領域となることがあります。

どんな活動が重大領域か

● 新会社発足に伴う人事異動
● 新情報システムの構築
● 一回目の決算集計、発表作業
● 合併前からの顧客企業の予算編成
● 新会社の株主総会

さまざまな問題が起こりそうです。

重大領域は、問題やトラブルが集中するリスクが高い、という意味です。重大領域は、そこが危険だから気をつけろという警告の意味だけから重要なのではありません。人も組織も振り向けられる労力や経営資源は限られます。すべてのリスクにたいしてすべて同じように対策を打つことはできません。

さらに、メリハリなく気をつけようとして、もしくは過剰な対策システムをつくりすぎると、そのシステムの遵守《じゅんしゅ》に疲れてしまってかえって失敗しやすくなるからです。重大領域以外のところでは気を抜いてよい、とは言っていません。むしろ、重大領域以外の部分に過剰な対策システムをつくりすぎると、簡単なところで失敗を犯す恐れがあると言っているのです。

さらに重大領域をきちんと考えなければならない理由は、リスクが、問題解決や意思決定と違い、「将来に起こるかもしれない問題」という性格をもつからです。つまり、人間の行動すべてにリスクがついてまわるなら、重大領域を定めないことは、無限に近いリスクへの対処が要請されるわけです。すると、むしろリスク対策はまったくなされない危険が高まるのです。

では、リスクのメリハリを考えたところで、具体的な現象にたいする考察を加えたいと思います。

思考の道具⑫――重大領域

- 人間はリスクを伴う領域から逃れることはできない
- 問題やトラブルが発生しやすい、危険な「領域」がある
- 重大領域の分析によって、将来対策を重点的に構築することができる

2 リスクは具体的、現実的に考える

起こりうる問題・トラブルを挙げつくす

新しいプラン、対策のどの部分に危険が集中するかを考察してきました。つぎに⑬具体的な問題現象には、どのようなものがあるかを挙げていきます。

たとえば、前節の事例の会社合併で考えれば、「新情報システムの構築」は重大領域ですが、「システム開発の予算がオーバー」「システム開発が期日に間に合わない」「システム開発でプログラムにミスが発生」などが具体的な問題現象となります（ときに、重大領域と具体的な問題現象を混同する人がいるので注意が必要です）。

問題現象を挙げる際は「複数思考」がより重要となります。ヌケ、モレを避けるためには、「本当に起こりうる問題、トラブルはこれだけだろうか」と考えつくさなければなりません。

繰り返し述べたように、人間は思い込みの動物です。ひとつリスク要因となる現象に思いがいたると、それに意識が縛《しば》られます。そして、他の現象が発生する危険性に目が向かなくなってしまうのです。そのときに見逃した現象が重大で、しかもそれが現実のものとなった場合、取り返しのつかないダメージを受けてしまいます。

そして、「起こりうる」問題やトラブルが確定したところで、それぞれの現象について、二つの視点から考察を加えます。

その際は、前章で説明した発生確率と重大性の考え方を用います。マイナス要因でのPとSのことです。トラブルや問題という意味では、これまで見てきた問題解決のプロセスの原因究明や対策立案と似たような思考過程が適応します。ただし、これまでは過去、もしくは現在を考えていたのにたいして、リスク分析は将来を見ます。ですから、いまだ実行していない対策やアイデアの内容を考え抜くプロセスと非常に似ているのです。

たとえば、だれかが国内の見知らぬ街の道路を歩くとします。その際に考えられるリスクを挙げ連ねてみます。

道を歩くときのリスク

● 転ぶ

- 暴走自動車が突っ込んでくる
- 乱暴な人と肩がぶつかりケンカになる
- ひったくりに出くわす
- 道に迷う
- 隕石が落ちてきてあたる

発生確率は「転ぶ」「道に迷う」が最も高そうです。この場合、もしリスクが現実となっても、重大性の観点からそれほどのダメージを受けそうではありませんし、地図を持ち、足元に注意して歩けばよさそうです。だから、私たちはあまりびくびくせずに遠出ができようというものです。

ところが、見知らぬ国へと出かけて街を歩くとなれば、「乱暴な人と肩がぶつかりケンカになる」「ひったくりに出くわす」といったリスクが現実となる確率が高まるかもしれません。だから、旅行ガイド本やインターネットなどで現地情報を調べてリスクに備えるわけです。同様に、私たちは国内でも、夜の繁華街を歩くとき、オフィス街を歩くとき、寂しい夜道を歩くときでは、想定されるリスク要因の発生確率、重大性がそれぞれ異なることを経験から知っています。

これまで経験したことのない状況にある場合も、過去の経験などから、論理的推論によって想定リスク要因を考えられる限り列挙し、その発生確率と重大性を考慮することになります。

こうしてリスクを具体的、現実的に考えることが、なぜ重要なのでしょうか。

被害と損害を算数で分析する

リスクはコストです。そのコストがどれくらいかを算出するのは、発生確率と重大性を明快に認識していれば、そう難しい課題ではありません。掛け合わせればよいだけです。概念的には小学生にもわかりそうなものです。

お金で考えれば、コスト意識のない人は破産します。会社であれば倒産します。ところが、リスクについては一部に考えが甘すぎる組織や個人が多いので驚きます。

違法行為と知りながら、国や社会をだまし不当な収入を獲得しようとした会社。製品不具合が見つかっているのに、なんの対策も考えなかったり、顧客や社会にたいして不具合を明らかにせずに信用を失ってしまう会社。いずれも、リスクについての認識が甘すぎます。

企業不祥事が発覚すると、メディアではたびたび、「顧客の安全をないがしろにして、利益を優先する体質」「社会をあざむき、利益主義」のような論調を目にすることになります。誤解を生む表現と言わざるをえないでしょう。まるで不祥事企業が利益優先主義のような語り口です。実態はまるで逆です。

私も拝金主義のように利益ばかりを追うのは感心しません。企業を運営することは社会に貢献するため、という理念を失っている経営者が多いのも残念です。会社のことばかり、自分のフトコロのことばかり心配する「企業家」が増え、社会を考える「事業家」が減っているのかもしれません。

ただし、社会に貢献するには利益を上げなければならないのもまた事実。世の中で「よい会社」といわれているのは、どんな会社でしょうか。製品やサービスにたいする社会的評価も高く、従業員も働きがいがある社風、一緒に仕事をする取引先とも「ウィン・ウィン（お互いに勝ちのゲーム）」の関係を結べるような会社ではないでしょうか。そして、これらを裏づける決め手は高収益体質でしょう（高収益であること自体が「よい会社」の条件とは一概にいえませんが）。

家計にしろ、企業にしろ、経済活動を行う主体にとって「利益」を上げる公式はひとつしかありません。「入ってくるお金（収入）－出て行くお金（コスト）」です。だれにでも理解できる算数です。その算数の中で、リスクはたとえ未実現であっても明らかに「コスト」として計算しなくてはいけないのです。巨大なリスクを負っている場合には、目の前にある現金からまだ現実となっていないコストを引いておかなければ、正しい利益は計算できません。

不祥事企業が引き受けたリスク――「社会をあざむいた」「不具合の対策を怠った」は、発覚したとき、はかりしれないダメージ（コスト）となります。

しかも、悪事を隠しとおすことはできないという理があるように、不正をしてそれが発覚する確率も低くはありません。

不正発覚の〈確率〉と発覚した際の〈重大性〉を掛け合わせれば、とんでもなく巨大なリスクであると認識できるのです。

倫理上の問題は当然のこととして措いても、会社の（字義通りの）利益という側面から考えても、本来絶対に引き受けてはならないリスクです。その点から考えれば、不祥事企業は利益無視の会社なのです。組織として、リスクを具体的、現実的に考えられる「体質」であったならミスは犯さなかったでしょう。

いずれにしろ、リスクについて正しい認識を持ち、分析し、行動することは、人と組織が成果を求める際にはなくてはならない考え方とわかります。では、リスクに具体的にどのように対応するか、その対策について考えてみましょう。

思考の道具⑬——具体的な問題現象

- 重大領域（その他領域）の認識と具体的現象は混同されやすい
- 具体的現象を開示し、リスク対策のヌケ、モレを防ぐ
- 起こりうる具体的な現象を列挙したら、発生確率、重大性で絞り込む

3 予防対策をどうやって立てるか

飲み過ぎのリスクに挑む法

酒は百薬の長といいますが、アルコールも量が過ぎれば人体にとって有害です。飲み過ぎた翌日に、体調が悪くて仕事にならないという経験は、よほど理性的で禁欲的な方か体質的にアルコールをまったく受けつけない方でもない限り、だれでも身に覚えがあるでしょう。これは飲酒のリスクです。

ところが、多少のリスクがあると知っていても、気の置けない仲間との飲酒は絶好のストレス解消になることも同時に知っていますから、誘いがあるとついつい出かけてしまうものです。そして、宴もすすんでくると酔いがまわって、「今日はお酒を控えよう」と意識していたのにやっぱり飲み過ぎてしまう、という失敗を犯してしまいます。

このように、飲酒には翌日の体調不良というリスクがあります。この対策について考えてみましょう。将来起こりうるトラブルは「気分が悪い」「頭が痛い」「吐き気がする」などが挙げられます。原因は飲み過ぎ。シンプルです。

ここで⑭予防対策の出番です。この思考の道具は、問題やトラブルが起こる原因を想定し、あらかじめ除去する対策を講じることです。その結果、問題やトラブルが起きないようにする、あるいは起きる確率を下げようとする行為です。

飲酒の例で考えれば、ふつか酔いにたいする最も有効な予防対策は「飲まない」ことです。原因がすべて除去されます。まあ、現実問題としてこの対策をとるのも無粋ですから、「飲み過ぎない」という対策も考えます。これで、リスクの発生確率を低下させるわけです。さらに、胃壁を守るために事前に乳製品をとるなど、やや対症療法的な対策をとることもあります。

どうでしょう。私たちが日ごろ何気なくとっている行動にも、予防対策の要素があることがおわかりいただけたと思います。

日本人が得意な思考の道具

飲酒の例というのでは、あまりに単純すぎます。もう少し複雑なケースで予防対策がどのように講じられるかを考えてみましょう。

ある会社が海外に工場進出し、現在は国内生産している商品の製造ラインを移す場合です。これまでのリスク対応の基本に則って、どこでリスクが発生するかを想定します。重大領域を考えるわけです。そこで、たとえば「現地生産のスタート直後」に危険が集中しそうだとします。

つぎに、重大領域で起こりうる具体的な現象を挙げていきます。

現地生産のリスク

- 材料の納入スケジュールの遅延
- 現地従業員のミスによる製品不良
- 品質検査モレの多発
- 周辺住民からの騒音クレーム
- 従業員の怠業《たいぎょう》

じつに多くのリスク要因が考えられます。これらのリスクのうち、発生確率と重大性を掛け合わせ、重点対策を考えます。つぎにそれぞれのリスク要因についての対策を立案していきます。たとえば、材料の納入スケジュールの遅延については、納品業者と厳格な契約を結ぶという予防対策が考えられます。また、従業員のミスについては、事前の研修・教育を重点的に行えば、だいぶトラブル発生の確率を下げられそうです。同じように、品質検査マニュアルの整備や、防音設備の充実、従業員の待遇向上など、それぞれ予防対策をとることによって、完全とはいえないまでもかなりリスクが現実となる危険を下げることができるわけです。

想定されるリスクが目の前にあり、原因も明快であれば、それを除去したくなります。データで裏づけのとれる議論ではありませんが、几帳面な日本人は、予防対策についてはかなり熱心だと思います。ですから、あまり神経質になる必要はないと思います。むしろ、もうひとつのリスク対策についてもっと注意を向けるべきではないでしょうか。

たとえば、ここで考えた現地生産の事例。どんなにしっかり予防対策を講じたところで、発生確率をゼロにすることはまず不可能です。

それならば、「もし、材料納入が遅れたらどうするか」「現地従業員のミスが多発したら？」もしっかり考えておく必要があるのです。

思考の道具⑭――予防対策

- リスク発生の原因をあらかじめ除去し、問題、トラブルの発生度を低減させる
- 日本人は比較的予防対策が得意である
- リスクの中には対策が講じられない場合もある

4 行動力を高める泥縄の教訓

火事が起きてから入る火災保険

「もし、材料納入が遅れたらどうするか」「現地従業員のミスが多発したら?」……。予防対策を講じていても、十分とはいえません。

コンティンジェンシーという言葉をお聞きになったことはあるでしょうか。思考の道具として最後に紹介するのは⑮発生時対策(コンティンジェンシー)です。同じ意味の言葉に、予備計画、有事計画、有事対策などがあります。とくに安全保障上のリスクだけに対応するものではありません。

発生時対策は、リスクが現実となったとき、つまり問題やトラブルが実際に起きた際、いかに影響を最小化するかの対策を事前に準備するための思考道具です。コンティンジェンシーという概念自体は、ずっと昔の日本でも認識されてきました。

泥棒を捕らえて縄をなう。みなさんもご存知でしょうが、実際に、問題が発生してから慌てたってダメだよ、という意味です。昔の人も発生時対策の重要性は明快に理解していたのです。

以前、マレーシアで仕事をしていたとき、現地の人に泥縄の教訓について話をし、同じようなことわざがあるか聞いてみました。やはり、ありました。「豚が逃げてから豚小屋を修理する」

しごく当然でしょうが、場所や時間が変わっても人間が本質的に考えることはみな同じです。

ところが、最近の日本人は発生時対策が十分にできていません。だから、「コンティンジェンシー」という言葉が目新しく新鮮に感じられるのでしょう。

ほんの一五年ほど前までの日本は、ある程度の好不調の波があるとはいえ、長期にわたって高成長を続けてきました。成長の時代には、コンティンジェンシーの重要性がクローズアップされません。時間が経過するにつれ、成長が失敗やトラブル、問題の悪影響を縮小してくれるからです。

日本の成長の時代は、膨張の時代、インフレの時代でもありました。事業で、ちょっとした判断ミスがあって損害を出した。それでも、世の中全体が膨張、成長しているときには、比較的挽回《ばんかい》がたやすかったのです。

多少の借金をしても、モノの値段がどんどん上がっていく時代には、相対的にその金額価値は縮小していきます。だから、多少の問題やトラブルが発生しても、「つぎに成功すればいいんだよ、忘れてしまおう」と言えてしまうような、イケイケドンドン主義が醸成されていきます。

失敗なんか考えるな、考えれば失敗するぞ——という無根拠で非科学的な言説がビジネスの現場で平然と使われるのも、こうした背景があったのでしょうか。しかし、この考え方は危険です。起きてからでは遅い問題は山ほどあります。火事が発生してから火災保険に入ればいいんだよ、と忠告されても納得はできません。

豊富な政策議論、貧しい実施議論を改める

「おいAくん、来週の○○食品さんへの企画プレゼンの準備はどうなった？」

「はい、順調に準備しています」

「問題ないな？」

「はい、問題ありません」

「よろしく頼むぞ」

日ごろ、見かけるこの光景。五行を使って描写していますが、意味のある情報は一行ぶんです。「来週の○○食品さんへの企画プレゼンの件はよろしく頼むよ」とだけ言ってくれればよかったのです。ビジネスの現場に限らず、日本では「問題ないな？」「大丈夫だな？」という問いかけがしばしば見られます。相手を信頼している場合は有効ですし、モラールを向上してもらって独力でがんばってもらおうとするなら積極的に使ってよいでしょう。

ところが、特段、相手を信頼しているわけでもないのに（しかも、相手自身が完全に信頼されているわけではないと認識しているのに）、むやみに使われる「問題ないな？」「大丈夫だな？」が多すぎるように思われます。この背景には、マイナス要因のところで説明した「問題を口にすると、現実になる」という意識もあるのでしょうが、「問題が起こるかも、なんて弱気は口にさせないぞ。ただし、もし発生したら、厳しく罰するぞ。気合を入れてやってくれ」という意味合いが含まれています。いわゆる精神主義です。もうひとつのイケイケドンドン主義と複合すると、恐ろしく危険なリスクを内包したまま、ものごとは進行していくわけです。

どんなに予防対策を入念にしても、問題やトラブルは発生します。日本では、政策議論は盛んになされるのですが、実施議論についてはなおざりにされているのです。完璧なプランがあれば、実施に移しても問題やトラブルは起こらない。準備（予防対策など）は万全だというのです。ところが、どんなに立派なプランを立てても、途中で論理からはずれたファクターが働くのです。

あらかじめリスク要因を列挙し、それが現実となったときにどのような行動をするかを決めておけば、被害・損害を最小限で食い止めることができます。

地震や火災など、人間がコントロールできない事象については、発生時対策がある程度は想定されています。ところが、それ以外の問題についてはなおざりにされているケースが多々あります。

「もし、材料納入が遅れたらどうするか」「現地従業員のミスが多発したら？」「周辺住民からのクレームの殺到にどう対応するか」のように、重大領域を把握し、予防対策を講じたとしても起きうる問題について、どうすれば影響を最小化できるかを考えます。

たとえば、「材料納入が遅れた場合に備え、代替材料の仕入先を考えておく」「現地従業員のミス多発→不良品多発に備え、緊急事の顧客対応シフトをつくっておく」など、具体的な対策をやはり複数思考で列挙し、有効と思われる発生時対策のシミュレーション、準備を入念にしておきます。そうすれば、安心感はより高くなるでしょう。

発生時対策の副次的効果

これまでの説明と矛盾するようですが、予防対策と発生時対策を十分に練ったとしても、事前にまったく予想をしなかったリスクが顕在化する恐れからは逃れられません。

問題やトラブルが発生して、「こんなことが起こるとは思わなかった」というコメントを発表する例を数多く見かけます。行動決定前のマイナス要因分析や、決定後のリスク分析をしっかりやったのだろうか、という疑問はたしかにあります。ただし、懸命に、誠実に分析して完璧を期したと思っても、そこは人間のすること、なんらかの遺漏《いろう》はあるものです。まったく想定しない問題やトラブルに見舞われたとしても、それ自体を責める気持ちには、なかなかなれません。

問題は、起きてしまった後です。そこに、リスク分析を正しく行う副次的効果があるのです。

だれだって、予想だにしなかった状況に直面すれば、ある程度のパニックに陥ります。ただし、発生時対策を入念に考えた人であれば、頭の中で「起こってしまったトラブル」に対処する論理が構築されているはずです。

さらに、発生時対策は起こっていない事態に対応するアクション・プランを立案することですから、思考技術に加え、論理的な想像力も十分に発揮しなければ使えない思考道具です。自分の頭で考える格好の訓練となるでしょう。すると、発生時対策をしっかり考えなかった人に比べて、比較的落ち着いて対処できるでしょう（人それぞれの性格、能力にも依存しますが）。

トラブルや問題に一定の「型」があるとすれば、準備していた発生時対策を応用することによって、急な事態の変化に対応できる可能性だって考えられます。

つまり、予防対策と発生時対策をしっかりしておけば、それだけ心強く、前向きな姿勢でものごとにあたれるわけです。

思考の道具⑮ 発生時対策

- リスクの発生を完全に阻止できる保証はない
- 発生したときの影響を低減するコンティンジェンシーが最も重要である
- 発生時対策を意識すれば、問題が発生してから混乱することは少なくなる

第7章 思考技術の正しい使い方

本書で説明した思考の道具は、
どんなレベルの問題や意思決定にも適用できる。
だからといって、レベルの低い合理性ばかり追求すれば、
全体合理性を損なう。
なんのために考え、なんのために行動するのかを考え続けなければ、
どんなに立派な思考ツールを手にしても無意味なのだ。

1 知識と知性の使い分け

問題解決の名人がはまる落とし穴

私が、いつでも、どこでも主張していることです。論理的思考能力の優劣という面で、とくに日本人が平均として劣っているわけではありません。海外の映画や本などを目にすると、時と場所が変わっても、本質的に人間の営み自体には大差はないことが理解できます。

本書では、組織における多くの非合理、不条理を事例として紹介しています。これは日本の組織だけで起こるわけではありません。非論理的な発言の多くは、日本社会以外のリーダーたちだって平気で口にしていると思います。

日本にもすぐれた知性を持つ「知恵者」たちが多く存在し、意思決定や問題解決に大きな力を発揮しています。では、私はなにを問題にしようとしているのか——。それは、知恵者、いわば問題解決や意思決定の名人たちが、ある時期に成功した後、失敗していく過程を説明すれば理解してもらえると思います。

成功体験の落とし穴に注意せよ、とよくいわれます。自分の能力を過信して、無茶をするな、という意味もあります。もうひとつ。一度うまくいったプロセスに縛られて、本来なら別の状況（時代背景・社会背景、次元、内容が異なるケース）にも同じやり方を適用して失敗することを戒める意味もあるでしょう。

成功の陰には、意識するしないにかかわらず、合理性があります。難局やチャレンジングなシチュエーションに直面して成功を収める人は、自らの頭を使って考え抜く論理力と、考案したプランをやり遂げる実行力があったのです。

彼らの頭の中で繰り広げられた思考のプロセスは、本書で説明した思考技術の仕組みとそう大きく違わないはずです。しかし、そのプロセスをそもそも本人たちが意識していない、また明示する教育を受けていないことによって、「正答」だけがいきなり提示されます。

私が随所で暗算思考と呼び、その害を主張している思考法です。

暗算思考ですぐれた「答え」を導出する人は、思考能力があると評価されます。うまく「知性」を働かせた結果です。

ところが、「考え抜く」という行為は非常にしんどい。すると、一度当たった「答え」を他の状況にも当てはめてしまおうという手抜きの誘惑が忍び寄ります。状況に対応した「思考プロセス＝知性の働かせ方」が正しかったのに、その結果でしかない「答え＝知識」を使って問題解決をしたり、意思決定をしようとするのです。考えることを止めてはいけないと思います。

多くの社会では、知識と知性を別の頭の働き方として認識し、きちんと区別しています。ところが日本ではそうではない。

たとえば、車でいえばエンジンの馬力と乗車できる人数という二つの機能側面があれば、一緒にして議論をすることはありません。知的活動にもっと近い例でいえば、パソコンです。演算処理をするための装置の性能と記憶装置の容量は同列に語ることはできません。知性が処理装置とすれば、知識は記憶装置です。

私たちは、知性がすぐれている人を指す「インテリ」と、知識豊富な人を指す「有識者」「知識人」という用語をほぼ同じ意味として使ってしまいます。このあいまいな認識によって、いろいろと弊害が生じるのです。

知性の知識化による弊害

もちろん知識は重要です。特殊な例は除いて、記憶装置のないコンピュータは使い物になりません。知識と知性、どちらか一方でも欠ければ、人間の知的活動は成立しなくなるのと同様です。

たとえば、自分のビジネスに関連する法制度が改正される場合。改正の内容を理解してどのような対応をするか、持てる「知性」をフルに発揮しなければ、適切な行動はとれないでしょう。ただし、法制度が改正される事実、その内容という「情報＝知識」を得られなければ、知性を働かせようにも手足が出せないでしょう。

ただし知識と知性の使い方を間違えてはいけません。一方を極端に重視してもいけません。

第1章で「他人の頭で考える」弊害について考えました。自分以外の人がどのように考え、どのように行動したか――その思考プロセスを学ぶことは非常に大切ですが、ポイントは成果を上げている人たちがみな自分の頭で考え抜いている事実を知ることではないでしょうか。本書でご紹介したごく基本的な「公式」くらいは学ぶ必要はあると思いますが、問題解決や意思決定のための知性の働かせ方は、学ぶものではなく、訓練するものです。

ところが、日本に限ったことではないのですが、「他人の頭で考える」人たちは、本やメディアで紹介される自分以外の人が知性を働かせたプロセスを「知識」として蓄積し、これみよがしに開陳します。

貪欲《どんよく》に知識を蓄えよう、情報を収集しようとする人を努力家と見れば、頭を使って考え抜く面でも手を抜かないだろうと推測できるかもしれません。ところが周囲を見回すと、知識が蓄積されていくことだけで満足してしまっている人が多いように思えます。

自らが直面している問題にも「他人の頭で考え」られた答えを安易に当てはめ、行動して痛い目にあっても、環境のせい、時代の変化のせいにしてしまいます。さらに、過去の自分が論理的な思考プロセスを踏んで出した答えに寄りかかるのも、「他人の頭で考える」のと同じ行為だと思う必要があるでしょう。

思考の道具のひとつ、「情報収集」でご説明したように、情報そのものは価値を生み出しません。問題に直面したり、意思決定の場にあって「答え」が思い浮かんだとしても、「これは他人の頭で考えたものではないのか」「過去の成功例に寄りかかっていないのか」と自問する強い意志をもって、知性の知識化という罠にはまらないようにしたいものです。

2 正道を踏むために頭を使う

なんのために考えるのか、なんのために行動するのか

西郷隆盛が『南洲翁遺訓』で、こう述べています。

「正道を踏み国を以って斃るるの精神無くば、外国交際は全かる可からず。彼の強大に畏縮し、円滑を主として、曲げて彼の意に順従する時は、軽侮を招き、好親却て破れ、終に彼の制を受るに至らん」

至言です。これまで、いかにして問題に直面して論理的に思考し、合理的な解決法を立案するかを「考え」てきました。最後に本書で言いたいことは、その論理力をいかにして使うかです。西郷隆盛の言葉は大きな示唆を与えています。思考の道具の「決定事項」でお話しした内容とも関連します。

本書で説明した思考の道具はいかようにも使えます。適用可能なレベルや内容に限りはありません。自分自身や会社、学校その他さまざまな組織の利益を最大化させるために非常に有用です。ただし、小さなレベルでの最適解は必ずしも全体にとっての最適解ではないのです。

西郷翁の教訓が、ある種のアナクロな精神主義や覇権主義に思える人もいることでしょう。もちろん、時代背景が現在とはあまりに違いますが、それを差し引いたとしても、この言葉はたんなる「気概」を表すのではなく、外交についての「合理性」を説いているのだと思います。

相手が強硬な態度で臨んできたからといって、その場、そのときの諍いを回避するために従順な態度をとると、結局はすべてを制約下に置かれてしまう。目の前にある対立というリスク要因（問題）を除去する（という合理性の）ために、「自らの意を曲げて従順な態度をとる」ような安易な対策を立てると、より大きな問題に直面するという皮肉です。

これは、外交など大きな問題に限らず、人間関係などにも当てはまるのではないでしょうか。問題解決や意思決定のレベルを下げてばかりいると（分離・分割とはまったく関係ありません）、最終的には大きな非合理に見舞われるということでしょう。組織内での対立や処罰が厳格すぎ、それを回避するために現場でレベルの低い「問題解決」がなされ、結果として社会に反するような例。

この非合理を回避するには、どうするべきか。西郷翁が語るのは「正道を踏」む必要があるということです。現代語訳をすれば、「正しい道を行く」とでもなりましょうか。正義感とも読みとれます。あいまいな表現のように思う方もいらっしゃるかもしれませんが、信念や理念を表す言葉なのでそれも当然でしょう。わかりやすい対策同様、わかりやすい正義も危険です。

時代の変化が激しいからこそ、自分はなんのために考え、行動しているのかを考え続けなければならないと思います。自らの信念をしっかり持ち、それを曲げずに行動せよというメッセージの重要性が身にしみます。

「ハウ・トゥ・リーズン」の能力

ノーベル賞受賞者として著名な江崎玲於奈《れおな》氏が面白いことを言っています。「日本人はハウ・トゥ・リーズンの能力に欠けている」というのです。

ここでのリーズンは「分析する」や「論理的、体系的に考える」「議論をする」という意味です。繰り返し述べるように、私は、日本人も立派に論理的であると考えます。ただし、自らの論理を明快に説明したり、議論を活発にしたり、行動の根拠を明確にするのは、やや苦手だとも感じています。

もちろん、なにからなにまで論理で押しまくっては、世の中がきゅうくつになるので、一概にはすすめられません。ただし、もう少し自分の行動の根拠についての考察、議論は深めてもよいと思うのです。

いまから一〇年以上も前の話です。私の大学時代の先輩が来日しました。東京都内でも有数の格式あるホテルに宿泊していたので、懐《なつ》かしく思い訪ねました。では、コーヒーでも飲もうかとなって、ホテルの一階にある喫茶スペースに向かいました。小さなカップで八五〇円だったと記憶しています。

値段を知った先輩は私にこう言いました。

「ここはやめよう。この値段はリーズナブルではない」

日本では、リーズナブルは「安い」と同義に使われることがあります。しかし、本来の意味とは違います。先輩の言葉を意訳すれば、「このコーヒーに八五〇円を払う価値を見出せない、理由がない、払う論理的根拠がない」ということです。

ずいぶんとケチな人だな、などと思わないでください。彼はかなりリッチです。自らの価値基準に見合っていると判断すれば、惜しみなくお金を使います。

要は、自分の思考、行動に、自分なりの合理的な根拠を見出せているかです。組織や人間関係で非合理や不条理に遭遇することは数多くあることでしょう。そのときに、直線的な合理性を選択するのが、問題やトラブルにつながると考えられる場合、非合理な行動をとることの合理性にまで思考を広げていくわけです。目の前の小さな非合理を受容することが、大きな意味での合理性に適っているのなら、なんでもかんでも論理性、合理性で押し通す意味などまったくないのですから。

一方、もし自分がとる非合理な行動が、「正道を踏」むことからはずれる、受容できるレベルを超えると判断したなら、断固として抵抗する。その見きわめが私たちには求められているのではないでしょうか。

その見きわめのためにも本書で紹介した思考の道具を使ってみてください。

巻末付録

TOLAP（論理的思考スキル診断）例題集

ＴＯＬＡＰ（Test of Logical Ability in Problem Solving）は、株式会社デシジョンシステムと米国ＥＴＳ社のグループ会社 Chauncey Group International により共同開発、二〇〇三年に完成した「論理思考スキル」を数値で把握する診断ツールである。本テストの日本での運営は、日本側開発者の飯久保廣嗣が代表である日本ＴＯＬＡＰ株式会社が行っている。この開発により、問題解決力、意思決定力、リスク対応力の「診断」「訓練」「効果測定」という一連の教育パッケージが完成したことになる。

本書に収録された問題は七問。解答、解説は、一二三四ページに掲載されています。

なお、実際のテストは七五問、解答時間は二時間です。

例題1

携帯電話を開発・製造しているA社は、大口顧客から「発注した大型プロジェクトの工期を三カ月短縮してほしい」旨の要請を受けた。A社では、この要請に応えるべく、設計、生産管理、営業、システム等の関連部署が会議を重ね、新しい日程が設定された。現在、関係者が集まって、この日程について詳しく検討する会議が開催されている。

事業部長としてなすべき最も適切な指示を下記の中から選びなさい。


A・想定できるリスクをすべて洗い出し、あらゆる対策を講ずるよう各部に指示する。

B・期限に間に合うようなスケジュールを作成するように各部に指示する。

C・このプロジェクトに重大な影響を与えるところを確認するよう各部に指示する。

D・ブレインストーミングを定期的に行い、起こりうる問題点を明確にし、対策を講ずる。

例題2

製缶メーカーのD社は、ジュースやチューハイの缶を製造し、全国に販売する企業であり、毎年安定した業績を維持している。

しかし昨日の午後、大口顧客Aからある新製品の特定ロットが変色しているというクレームがきた。当ロットは、大口顧客AのライバルであるBにも納品されている。D社は、過去、同様のクレーム処理に膨大な費用を費やした経験があり、担当事業部には迅速な対応が求められている。

担当事業部の部長として優先的にすべき指示を、下記の中から選びなさい。

A・当該特定ロットの製品を、すべて市場から回収する。
B・当該製品の分析を徹底的に行う。
C・特定ロットに対する顧客Bからのクレームの有無を確認する。
D・事業部の総力を挙げて問題解決に取り組むと顧客Aに宣言させる。

例題3

製薬会社C社は、同業他社のX社とY社が統合するというかなり信頼性の高い情報を入手した。単独では当該2社より売り上げに勝るが、C社としても統合は他人事ではない。企画担当役員として、部下に下記のどの指示を下すべきか。


A・社内外のあらゆる手段を駆使して、本件に関する情報を収集するよう指示する。

B・かねてより考慮していたZ社に統合の打診の準備を指示する。

C・当社が業界上位の立場を維持出来るための、あらゆる方策の検討を指示する。

D・主要株主2社およびC社のトップマネージメントの意向を至急確認するよう指示する。

例題 4

下記は、あるビールメーカーの月例営業部長会議の模様である。

A地区の部長は、主力製品の売り上げ目標が未達であることを報告した。B地区の部長は、主力製品に対する市場クレーム処理の遅延が目立つとの指摘をした。C地区の部長は競合会社が強力なセールス・キャンペーンを計画しており、当社の対応をどうするかが重要だと発言した。D地区の部長は、新しく立ち上げた組織が機能していないため、社内で製造部門との対立が発生していると報告した。

4人の部長が、それぞれ自分の発言に対する理解を強く求めるあまり、会議は混乱をきわめている。

営業本部長であるあなたがすべき最も適切な指示を、下記の中から選びなさい。

A・目標未達の商品に対し、目標達成のための対策を策定させる。
B・市場クレームの大きさを測定し、原因の究明を指示する。
C・競合会社のセールス・キャンペーンの内容を調査し、当社の対応を策定する。
D・新組織の問題点を早急に解決するため、問題点の明確化を指示する。

例題 5

ある金融会社で新商品を発売し、6カ月たって上期売上成績が明らかになってきた。それによると、全社レベルで目標達成率が85%とかなり落ち込んでいる。地域別に見ると目標達成状況にかなりバラツキが生じていることがわかった。担当役員としては、目標未達の原因を明確にし、下期の営業対策の中に生かし、年度としての目標達成を狙っている。

下記の選択肢から、最も効果的と考えられる原因究明の方法をひとつ選びなさい。


A・地域営業責任者会議を招集し、目標未達成の地域営業責任者から、原因を報告させる。

B・とくに成績が悪かった地域営業責任者を本社に呼び、未達成の原因を報告させる。

C・本部レベルで地域別の比較を行い、目標未達成地域の特徴などを分析させる。

D・本部の営業企画スタッフを主要営業地域に派遣し、目標未達成の原因を究明させる。

例題6

ある化粧品会社は、営業不振に苦しみ、営業人数を大幅に削減するリストラ策を講じている。

今回、全社の販売戦略を練り直し、画期的な新商品を投入し、商品全体の品揃えを刷新することにした。また営業マン一人当たりの売上目標を以前より20％向上させることとした。これらの施策を実施するために、3カ月の準備期間を経て、新しい営業組織に移行することを決定した。

下記の選択肢から、新組織を成功裡に立ち上げるために、最も必要と考えられる行動をひとつ選びなさい。

A・営業組織全体に対し、3カ月の準備期間内に新組織の目的と内容の理解をさせる。
B・営業本部に、新組織移行後数カ月内に起こる可能性のある諸問題の対策を立てさせる。
C・各営業担当を大口顧客と主要代理店に出向かせ、新組織の必要性と内容を説明させる。
D・営業本部に、新組織の参考のために他社の類似組織採用時の長所、短所を調査させる。

例題 7

ある鉄道会社で部長と5人のエンジニアが会議を行っている。彼等は、二〇〇X年にサービスを開始する超高速列車の開発に関わる問題点について議論をしている。エンジニアは皆、自分の抱えている問題が最も重要であるとして、自分の課題を最初に話をしたがっている。前回の会議で課題は15に絞られていた。年長のエンジニアは、メインエンジンのデザインについての課題について話した。他の1人のエンジニアは、安全装置についての議論が最初になされるべきであるといっている。他の3人は、彼らの抱えている課題について同時に議論したいといっている。会議は混乱を極めている。

部長として、この会議を最も生産的なものにするために、以下のどの項目を選ぶべきか。

A・エンジンデザインはこのプロジェクトの中で最も重要な要素であるので、年長のエンジニアにそのまま議論を続けさせる。

B・他の3人のエンジニアが各々に抱える課題について話をさせる。

C・この先、議論を続ける前に参加者全員に会議で決定すべき課題の基準についての合意を得る。

D・参加者全員に対して、課題の重要度によって議論の順序を決めることの合意を得る。

解説1

正解＝C「リスクに有効に対応する力」の問題

リスク対応とは何かといえば、PとSのパラメーターを睨みながらリスクの顕在化に際し、その影響を最小限に食い止める対策を講じることである。PとはProbability＝発生確率、SとはSeriousness＝重要度である。

Aはまず、リスクの重要度Sが考慮できていない。全リスクを洗い出してそれらに対策を講じることとは経営資源のムダ遣いである。どのリスクが本件において、最も重要なのかを意識すべきである。従ってAは正解ではない。

Bは、単にプロジェクトの期限に間に合わせるためのスケジュールの作成を指示しているだけで「工期を短縮することによるリスクの分析」という重要なポイントを外している。従ってBも正解ではない。

Cは、工期を短縮することにより考えられるリスクについて、経営資源を投下すべき重要なところを確認するよう指示を出している。即ちリスクの重要度を対策ベースにしており、正解である。

Dは、ブレインストーミングの目的が不明確なため、その結果が散漫になる可能性が高く、またS

が考慮されておらず適切な指示とはいえない。

解説2

正解＝C「問題の原因を論理的に究明する力」の問題

この設問では「比較」という思考プロセスを持って問題の原因を究明するスキルがあるか、を問うている。同ロットの出荷先において、同様のクレームがないかどうかを調べなければ、同ロットの全数に問題があるのか、一部に問題があるのかがわからない。全数に問題あれば、他のロットにも問題が出ている可能性があるからである。

Aは「クレームのあった特定ロットに問題がある」との先入観に基づく行動で、他の顧客にも同様の問題があるかないかを確認せずに、すべての製品を回収すれば、それは経営資源のムダ遣いになる可能性がある。従って、この状況下で最も優先して行うべき指示とはいえず、正解ではない。

Bは、原因究明作業をクレームが出た製品に集中してしまうと、原因究明は大幅に遅れる可能性がある。こうしたクレームが来たら「他との比較」を発想することが重要である。従ってBも正解ではない。

Cは、他の出荷先Bに同様な問題があるかないかの確認を指示しており、「他との比較」を行おうとしている。これにより、もし製造ロットが問題ではないときの経営資源のムダ遣いを回避できる。従ってCが正解。

Dは一見もっともらしい指示のようだが、指示が分析的、具体的でなく、真の原因究明にはつながらない。従って、Dは不正解である。

解説3

正解＝C「意思決定に際しての経営課題を設定する力」の問題

Aは情報収集の目的が明確でなく、X社とY社の統合の可能性についての結論に終始し、当社の次の分析や行動を示唆することにつながらない。従ってAは正解ではない。

Bは、Z社以外の他の可能な選択肢を排除することになり、短絡的な決定になりかねない。従ってBは正解ではない。

Cは、白紙の状態から客観的に現在の業界上位の立場を維持するための必要条件の分析の指示をしており、統合も含めてそれ以外の複数の選択肢へと展開が可能である。従ってCは正解である。

Dは、最適な意思決定は決して論理的な結論からのみなされるべきではなく、真に経験がある実力者の洞察力や決断力を無視してはならないが、これだけでは選択肢を判断するための、ひとつの条件にすぎず、客観的な決定に対してバイアスになる。従ってDは正解ではない。

解説 4

正解＝B「優先順位設定の判断力」の問題

複数の案件が同時発生したときには、即座に自らの責任でそれらに優先順位をつける能力が、混迷の時代には求められる。

優先順位をつける際に検討すべき「パラメーター」とは、重要度に加えて緊急度である。つまり、重要度が高く、かつ緊急度の高いものから、最優先に対応していくべきである。

ビジネス上のリスクの中で、重要度、緊急度ともに最も高いのは、市場クレームの発生である。ニュースだけでなく、口コミが瞬時に広がるインターネット時代において、市場クレームは企業にとって命取りになりかねない。その市場クレームの対応こそが、ほかのどの問題よりも優先されると考えるべきである。従って、**正解はBである。**

解説 5

正解＝C「原因究明力」の問題

AもBも、問題の発生している事象のみに注目しており、効果的な原因の究明につながる方法とはいえない。即ち、目標未達成地域の営業責任者だけから、目標未達成の原因の報告や情報を受けても十分効果的な原因究明にはつながらない。目標達成地域との比較をして違いを見つけることが必要である。従ってA、Bは正解ではない。

Cは「成績はばらついている」との情報から、目標を達成している地域もあることは推察される。従ってまず最初に目標未達成地域と目標達成地域に分け、次に両者にどのような違い、特徴があるかを調査し、この違いと特徴を明らかにすることによって、効果的に原因を推定し究明することが可能となる。従ってCは正解である。

Dも考え方はCに類似してはいるが、主要営業地域に限定することは目標未達成地域と達成地域を比較検討することにはならず、「最も効果的」な原因究明の方法とは言えない。従って、Dは正解ではない。

解説6

正解＝B「リスク分析力」の問題

Aは状況によっては必要な行動のひとつとなりえるが「新組織の目的と内容の理解」は営業部門だけに必要とは限らない。従って新組織立ち上げのために取るべき最も適切な行動とはいえない。よってAは正解ではない。同様のことがCにも言える。大口顧客と主要代理店だけに説明すれば十分とは言えない。従って、Cも正解ではない。

Bは、新組織移行後数カ月内に起こる可能性のある諸問題を列挙し、それぞれに対策を立てておくことが、リスク／トラブルを回避する、あるいはそれを最小限にとどめるための最も適切な行動である。それによって計画の達成をより確実なものとすることができる。従って、Bは正解。

Dは、他者の事例を知ることは確かに有益であるが、調査しておくだけでは不十分である。それを参考にして、計画を変更／改善することが必要な行動である。従ってDは正解ではない。

解説7

正解＝C「状況分析にあたって課題優先度を見分ける力」の問題

Aは、優先順位が課題の重要度のみで判断されており、緊急度が考慮されていないので誤りである。

Bは、優先度が考慮されておらず、優先度の低い課題が先に議論される可能性がある。よって誤りである。

Cは、どのような基準で課題の優先度を決めるのかを合意すべきであるので、Cが正解。

Dは、A同様重要度だけで課題の優先度を決めている。緊急度が考慮されていないので誤りである。

本書は二〇〇四年六月に日本経済新聞社より刊行した『解決学　15の道具』に、修正を加えて文庫化したものです。

日経ビジネス人文庫

問題解決力《もんだいかいけつりょく》
仕事《しごと》の鬼《おに》ほど失敗《しっぱい》ばかりする理由《りゆう》

2007年4月1日 第1刷発行
2008年4月22日 第3刷

著者
飯久保廣嗣
いいくぼ・ひろつぐ

発行者
羽土 力

発行所
日本経済新聞出版社
東京都千代田区大手町1-9-5 〒100-8066
電話(03)3270-0251 http://www.nikkeibook.com/

ブックデザイン
鈴木成一デザイン室

印刷・製本
凸版印刷

Printed in Japan ISBN978-4-532-19390-4
読後のご感想をホームページにお寄せください。
http://www.nikkeibook.com/bookdirect/kansou.html

デルの革命

マイケル・デル
國領二郎=監訳

設立15年で全米1位のPCメーカーとなったデル。その急成長の鍵を解く「ダイレクト・モデル」を若き総帥が詳説。

ウェルチ リーダーシップ・31の秘訣

ロバート・スレーター
仁平和夫=訳

世界で最も注目されている経営者ジャック・ウェルチGE会長の、「選択と集中」というリーダーシップの本質を、簡潔に説き明かす。

日本の経営 アメリカの経営

八城政基

40年にわたる多国籍企業でのビジネス経験を通して、バブル後の「日本型経営」に抜本的転換を迫る。日米企業文化比較論の決定版!

ジャック・ウェルチ わが経営 上・下

ジャック・ウェルチ
ジョン・A・バーン
宮本喜一=訳

20世紀最高の経営者の人生哲学とは? 官僚的体質の巨大企業GEをスリムで強靭な会社に変えた闘いの日々を自ら語る。

ノードストローム ウェイ[新版]

スペクター&マッカーシー
山中鏆=監訳

全米No.1の顧客サービスは、どのようにして生まれたのか。世界中が手本とする百貨店・ノードストローム社の経営手法を一挙公開!

思考スピードの経営

ビル・ゲイツ
大原 進=訳

デジタル・ネットワーク時代のビジネスで、「真の勝者」となるためのマネジメント手法を具体的に説いたベストセラー経営書。

質問力

飯久保廣嗣

論理思考による優れた質問が問題解決にどう役立つか、「良い質問、悪い質問」など、身近な事例で詳しく解説。付録は質問力チェック問題。

問題解決の思考技術

飯久保廣嗣

管理職に何より必要な、直面する問題を的確、迅速に解決する技術。ムダ・ムリ・ムラなく、ヌケ・モレを防ぐ創造的問題解決を伝授。

問題解決力

飯久保廣嗣

即断即決の鬼上司ほど失敗ばかり——。要領のいい人、悪い人の「頭の中身」を解剖し、論理的な思考技術をわかりやすく解説する。

論理的思考を身につける本

鷲田小彌太

普段の思考や行動は、すでにある論理に基づいている。仕事よりくらしの場面に潜む「論理力」を高めるヒントを平易な言葉で教示。

図で考える人は仕事ができる

久恒啓一

図で考えると物事の構造や関係がはっきりわかり、思考力や解決力もアップ。図解思考ブームを生んだ話題の本がいよいよ文庫化。

プロが教える問題解決と戦略スキル

相葉宏二

組織の問題をいかに探り出し、事業を成功に導くのか？ 戦略コンサルタントの実践的スキルと「常識」を超えたプロの視点を伝授。

ビジネススクールで身につける問題発見力と解決力

小林裕亨・永禮弘之

多くの企業で課題達成プロジェクトを支援するコンサルタントが明かす「組織を動かし成果を出す」ための視点と世界標準の手法。

ビジネスプロフェッショナル講座 MBAの経営

バージニア・オブライエン
奥村昭博＝監訳

リーダーシップ、人材マネジメント、会計・財務など、ビジネスに必要な知識をケーススタディで解説。忙しい人のための実践的テキスト。

ビジネススクールで身につける変革力とリーダーシップ

船川淳志

企業改革の最前線で活躍する著者が教える「多異変な時代」に挑むリーダーに必要なスキルとマインド、成功のための実践ノウハウ。

ビジネスプロフェッショナル講座 MBAのマーケティング

ダラス・マーフィー
嶋口充輝＝監訳

製品戦略から価格設定、流通チャネル構築、販売促進まで、多くの事例を交えマーケティングのエッセンスを解説する格好の入門書。

リーダー これだけ心得帖

阪本啓一

リーダーシップは生まれつきでも、地位に付属するものでもない。学んで身につけ実践するものだ。新世代リーダー向け行動指針集。

人気MBA講師が教えるグローバルマネジャー読本

船川淳志

いまや上司も部下も取引先も――。仕事で外国人とつきあう人に不可欠な、多文化コミュニケーションの思考とヒューマンスキル。

現代経済学の巨人たち

日本経済新聞社=編

ケインズ、シュンペーターからベッカーまで、20世紀の資本主義経済に大きな影響を与えた20人の理論を平明に読み解いた入門書。

やさしい経済学

日本経済新聞社=編

こんな時代だから勉強し直さなければ…そんなあなたに贈る超入門書。第一級の講師陣が考え方の基礎を時事問題を素材に易しく解説。

市場対国家 上・下

ヤーギン&スタニスロー
山岡洋一=訳

経済・社会の主導権を握るのは、市場か国家か——政府と市場との格闘のドラマを、ピュリッツァー賞作家が壮大なスケールで描破！

良い経済学 悪い経済学

ポール・クルーグマン
山岡洋一=訳

「国と国とが競争をしているというのは危険な妄想」「アジアの奇跡は幻だ」人気No.1の経済学者が、俗流経済論の誤りを一刀両断!

経済論戦は甦る

竹森俊平

「失われた15年」をもたらした経済政策の失敗と混乱を完璧に解説した名著。昭和恐慌、世界恐慌からの歴史的教訓とは？

クルーグマン教授の経済入門

ポール・クルーグマン
山形浩生=訳

「経済のよしあしを決めるのは生産性、所得分配、失業」。米国経済を例に問題の根元を明快に解説。正しい政策を見抜く力を養う。

私的ブランド論

秦 郷次郎

ブランドビジネスは、信念を貫き通すための戦いだ！　独自のアイデアと経営手法で成長を遂げてきた創業社長が28年間を振り返る。

V字回復の経営

三枝 匡

「V字回復」という言葉を流行らせた話題の書。実際に行われた組織変革を題材に迫真のストーリーで企業再生のカギを説く。

リクルートで学んだ「この指とまれ」の起業術

高城幸司

新たな価値を生み出す起業家型ビジネス人になろう。リクルートで新規事業を成功させ、40歳で独立した著者による新時代の仕事術！

日本の優秀企業研究

新原浩朗

世のため人のための企業風土が会社永続の鍵だ――。徹底した分析により、優秀企業たる条件を明快に示した話題のベストセラー。

リクルート「創刊男」の大ヒット発想術

くらたまなぶ

「とらばーゆ」「フロム・エー」「じゃらん」――。今日のリクルートを築いた名編集者が、売れるモノを作る究極の仕事術を公開。

強い工場

後藤康浩

モノづくり日本の復活は「現場力」にある。トヨタやキヤノンの工場、熟練工の姿、国内回帰の動きなど世界最強の現場を克明に描く。

経営実践講座 教わらなかった会計

金児昭

国際舞台でのM＆Aから接待の現場まで生のエピソードを満載。教科書では身につかない「使える会計」をカネコ先生が講義します。

ゲーム理論で勝つ経営

A·ブランデンバーガー＆B·ネイルバフ
嶋津祐一・東田啓作＝訳

ゲーム理論の企業経営への応用の仕方をわかりやすく解説。ケーススタディをふんだんに入れ、実践に役立つ戦略を伝授する。

文系人間のための金融工学の本

土方 薫

難しい数式は飛ばし読み！　身近な事例を使って、損か得かを考えるだけ。デリバティブからマーケット理論までやさしく解説。

もっともやさしいゲーム理論

嶋津祐一＝編著

戦争から恋の駆け引きまで、最良な選択は何なのか。意思決定に役立つゲーム理論を、身近なケーススタディを基にわかりやすく解説。

足し算と引き算だけでわかる会計入門

山田咲道

会計って難しそう？　新入社員と会計士のやりとりを読むだけで、財務諸表の基本、ビジネスの本質が理解できる画期的な一冊。

これで完ぺき 社長になる人のための経理の本［管理会計編］

岩田康成

「会社をよくする管理会計」をテーマに損益管理、事業戦略·投資の採算性分析、キャッシュフロー経営など対話形式で実践的に解説。

ビジネス版 悪魔の辞典

山田英夫

A.ビアスの『悪魔の辞典』の発想で、ビジネスのさまざまな事象を、教科書にはない現実直視の立場から解説する異色の辞典。

中国 大国の虚実

日本経済新聞社編

人民元を巡る米中のせめぎ合い、ユーラシア覇権の陣取り合戦、深刻の度を高める環境問題まで、本紙1面連載をオリジナル文庫化。

社長! それは「法律」問題です

中島茂・秋山進

「敵対的買収」「証取法違反」「情報漏洩」——。「こんな会社はいらない」と言われないために、ビジネス法の「知識と常識」を伝授。

中谷巌の「プロになるならこれをやれ!」

中谷 巌

「自らの考えを100語でまとめる力を磨け」「英語を身に付けよ」。仕事のプロを目指すビジネスパーソンへ贈る熱きメッセージ!

コメ作り社会のヒト作り革命

漆山 治

コメ作り社会·日本の会社を強化するには公平な人材評価システムの導入しかない。成果主義の潮流に立ち向かう日本的組織改革の方向とは。

日本相場師列伝

鍋島高明

「最後の相場師」是川銀蔵、野村財閥の礎を築いた野村徳七など、70人を収録。彼らを成功、あるいは破滅に導いた壮絶なドラマ。

株式投資 これだけはやってはいけない

東保裕之

ちょっとしたことに気をつければ株式投資のリスクは減る。注文の出し方から株価指標の見方、信用取引まで「株式投資べからず集」。

もっともやさしい株式投資

西野武彦

「解説書を読んでみたけれど、いまひとつ理解できない」という人のために、基礎の基礎から実際の売買までをイラスト入りで解説。

とっておき中小型株投資のすすめ

太田 忠

会社の成長とともに資産が増えていく、中小型株投資は株式投資の王道だ。成長企業を選び出すコツ、危ない会社の見分け方教えます。

お金をふやす本当の常識

山崎 元

手数料が安く、中身のはっきりしたものだけに投資しよう。楽しみながらお金をふやし、理不尽な損失を被らないためのツボを伝授。

ネット株投資はじっくり堅実に楽しもう

西野武彦

豊富な情報、いつでも売買、ネット取引は中高年などに最適。投資サイトの活用法、決算数字の正しい読み方まですべてがわかる解説書。

「相場に勝つ」株の格言

西野武彦

「人の行く裏に道あり花の山」「三割高下に向かえ」「もうはまだなり、まだはもうなり」――相場に迷ったら、一読したい250の格言を紹介。

HIS 机二つ、電話一本からの冒険

澤田秀雄

たった一人で事業を起こし、競争の激しい旅行業界を勝ち抜き、航空会社、証券、銀行と挑み続ける元祖ベンチャー。その成功の秘密とは――。

キヤノン式

日本経済新聞社=編

欧米流の実力主義を徹底する一方、終身雇用を維持するなど異彩を放つキヤノン。その高収益の原動力を徹底取材したノンフィクション。

林文子 すべては「ありがとう」から始まる

林文子=監修
岩崎由美

経営者の仕事は社員を幸せにすること――ダイエー林文子会長が実践する「みんなを元気にする」ポジティブ・コミュニケーション術！

武田「成果主義」の成功法則

柳下公一

わかりやすい人事が会社を変える――。人事改革の成功例として有名な武田薬品工業の元人事責任者が成果主義導入の要諦を語る。

中村邦夫「幸之助神話」を壊した男

森 一夫

V字回復を実現し「勝ち組」となった今、中村会長は松下をどこへ導こうとしているのか。日経記者が同社再生の道筋を詳細にたどる。

時間をキャッシュに変えるトヨタ式経営18の法則

今岡善次郎

時間をキャッシュに変えるサプライチェーン経営の本質を18の法則とトヨタ生産方式の事例でわかりやすく解説する。